La Planète Terre
LES PÉRIODES GLACIAIRES

ÉDITIONS
TIME
LIFE

Ce volume fait partie d'une collection qui décrit les mécanismes de la planète Terre, depuis les prodiges géologiques de ses continents jusqu'aux merveilles de son atmosphère et de ses océans.

Couverture
Une touffe de pavots d'Islande fleurit au bord du glacier qui coiffe la pointe nord de l'île d'Ellesmere, au Canada. Bien adaptées à leur milieu très froid, ces fleurs endurantes donnent des graines en moins d'un mois.

La Planète Terre

LES PÉRIODES GLACIAIRES

par Windsor Chorlton
et les rédacteurs des Éditions Time-Life

Éditions Time-Life, Amsterdam

LA PLANÈTE TERRE
Directeur de la collection: Thomas A. Lewis
Maquettiste: Albert Sherman
Chef documentaliste: Pat S. Good

Équipe éditoriale pour *Les Périodes glaciaires*
Rédacteurs en chef adjoints: Russell B. Adams Jr.
(texte); Peggy Sawyer Seagrave (iconographie)
Secrétaires de rédaction: Sarah Brash, Jan Leslie Cook
Rédacteurs: Tim Appenzeller, William C. Banks,
Paul N. Mathless
Documentalistes: Megan Barnett et Barbara Moir
(chefs de service), Jean Crawford, Melva Morgan
Holloman, Marilyn Murphy
Assistante maquettiste: Susan K. White
Coordination du texte: Victoria Lee, Bobbie C.
Paradise, Diane Ullius
Coordination de l'iconographie: Donna Quaresima
Assistante de rédaction: Caroline A. Boubin

Correspondants: Elisabeth Kraemer (Bonn); Margot
Hapgood, Dorothy Bacon (Londres); Miriam Hsia,
Lucy T. Voulgaris (New York); Maria Vincenza
Aloisi, Josephine du Brusle (Paris); Ann Natanson
(Rome). Avec les concours de Helga Kohl (Bonn);
Lois Lorimer (Copenhague); Robert W. Bone
(Honolulu); Lesley Coleman, Millicent Trowbridge
(Londres); John Dunn (Melbourne); Caroline Chubet
(New York); Dag Christensen, Bent Onsager (Oslo);
Mary Johnson (Stockholm).

ÉDITION FRANÇAISE:
Direction: Monique Poublan, Michèle Le Baube
Secrétariat de rédaction: Nouchka Pathé,
Anna Skowronsky

Traduit de l'anglais par Daniel Blanchard

Titre original: *Ice Ages*
Authorized French language edition
© 1984 Time-Life Books B.V.
Original US edition
© 1983 Time-Life Books Inc.
All rights reserved. Sixth French printing, 1987

ISBN 2-7344-0216-5

TIME-LIFE is a trademark of Time Incorporated U.S.A.

L'AUTEUR
Windsor Chorlton, écrivain, ancien collaborateur
des Éditions Time-Life, résidant à Londres, est
membre de la Royal Geographical Society. Il a déjà
publié aux Éditions Time-Life un ouvrage dans la
collection « Peuples en péril », *Les Habitants du Toit
du monde*, consacré aux Bhotia de l'Himalaya.

LE CONSEILLER
Le glaciologue Colin Bull est professeur de géologie
et de minéralogie et doyen de la faculté de sciences
mathématiques et physiques à l'université de l'État
d'Ohio. Il a dirigé l'Institut d'études polaires de
cette université et des missions scientifiques en
Antarctique.

TABLE DES MATIÈRES

UN PAYS OÙ RÈGNE ENCORE LA GLACE

«Un vaste sahara glacé, immensurable à l'œil humain» se déploya devant l'Américain Isaac Hayes quand il explora en 1860 l'inlandsis groenlandais. Cette étendue de glace presque à l'échelle d'un continent est un vestige d'époques où la description de Hayes aurait fort bien pu s'appliquer au tiers des terres émergées, celles des glaciations répétées qui se sont produites sur la planète au cours des derniers 2 millions d'années.

Il y a 4 millions d'années, le Groenland était presque exempt de glaces.

Mais l'équilibre climatique de la planète s'altéra et, sur le pourtour montagneux de l'île, la neige cessa de fondre en été et s'accumula d'une année sur l'autre. Elle se tassa sous son propre poids et finit par s'écouler tant vers les côtes que vers le centre où elle forma un manteau de glace qui atteint 3 kilomètres d'épaisseur. Ennoyant les vallées et les sommets, cet inlandsis, qui précéda les glaciations comme il leur survécut, déprima de 600 mètres l'île sous sa masse, la modelant en forme de cuvette.

Au cours des derniers 12 000 ans, le front de l'inlandsis a reculé en moyenne de 200 kilomètres. Allégées de leur enveloppe de glace, ces terres mises à nu se soulèvent et tendent vers leur ancien niveau, tout comme le font depuis la fin de la dernière glaciation des parties de l'Europe et de l'Amérique du Nord. Malgré cela, l'inlandsis groenlandais survivra probablement jusqu'à la prochaine période glaciaire qui recouvrira une bonne partie du globe d'immenses et blancs saharas de glace immaculée.

Un traîneau à chiens traverse un éblouissant paysage de banquise et d'icebergs captifs au large de la côte ouest du Groenland. Les Groenlandais s'aventurent rarement dans l'intérieur désolé.

Près du rebord est de l'inlandsis groenlandais, ces falaises de roches volcaniques saupoudrées de neige fraîche signalent les reliefs enfouis sous la glace. Dans cette

partie du Groenland, les montagnes approchent les 2000 mètres d'altitude et isolent presque l'inlandsis de la mer.

Des falaises mises à nu par le recul de l'inlandsis groenlandais depuis la fin de la dernière glaciation défendent les abords de la péninsule d'York dans le nord.

ouest de l'île. Débarrassées de leur fardeau de glace, certaines parties du littoral se sont soulevées de 120 mètres en 12000 ans.

Une plaine de gla... ...ouvre, s'écoule à l'intérieur... ...de ... ...

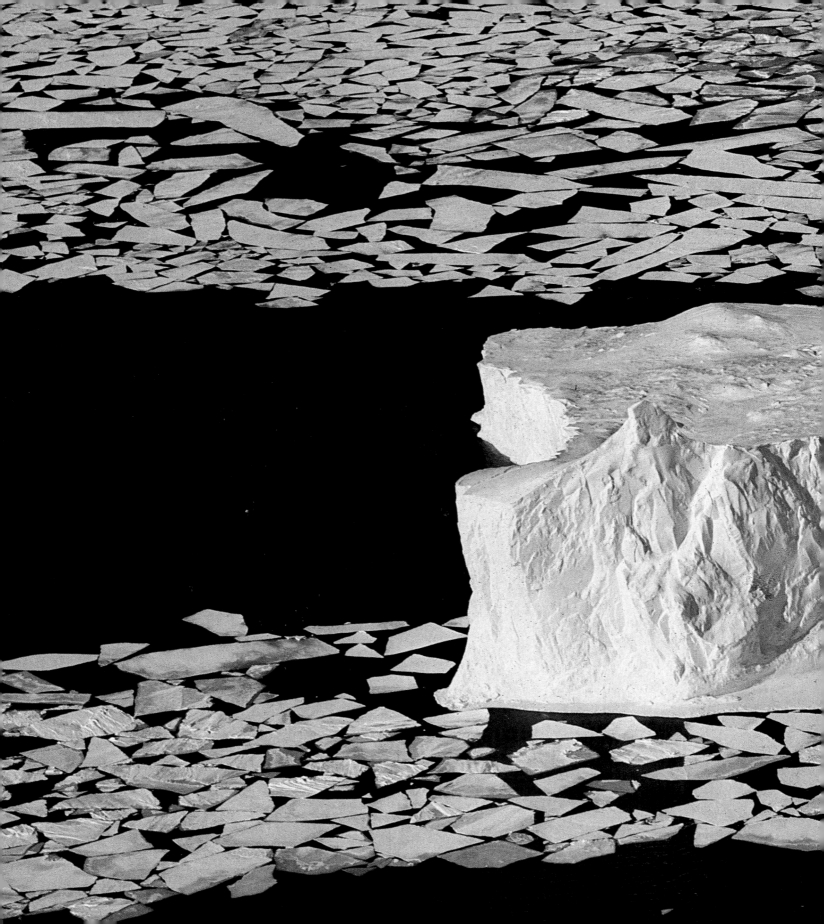

aujourd'hui que dans les mers polaires ; mais au plus fort de la dernière période glaciaire, ils engorgeaient la moitié des océans.

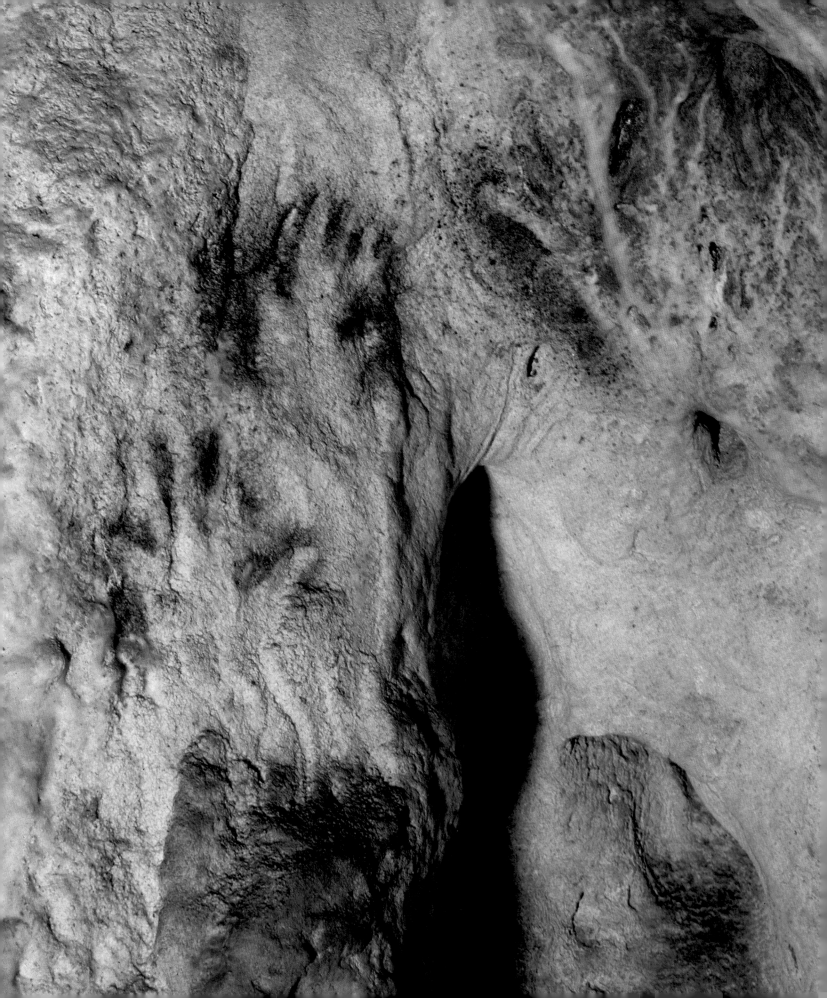

Chapitre 1

UNE ÈRE GLACIALE ET BOULEVERSÉE

Aussi loin que l'on pût se souvenir, la horde de chasseurs avait toujours séjourné une partie de l'année, avec femmes et enfants, auprès des abruptes falaises calcaires dans l'attente du gibier. Ces hommes se trouvaient sur une péninsule pointant dans ce que l'on devait appeler des milliers d'années plus tard la mer Noire. Au nord, un escarpement d'une quinzaine de mètres plongeait dans une étroite vallée ; à l'est et à l'ouest, des torrents intermittents avaient découpé dans la roche de profonds ravins. Ce site se prêtait à merveille à la mise en œuvre du plan des chasseurs.

Un jour, des éclaireurs partis chasser rentrèrent en hâte au camp : un troupeau d'ânes s'avançait vers eux en paissant. En un clin d'œil chaque homme gagna le poste qui lui avait été assigné. Certains, armés d'épieux à pointe de silex, de pierres et de lourdes massues, dévalèrent le plus proche ravin pour aller prendre position au pied de l'à-pic. D'autres, portant de longs bâtons dans chaque main, s'éloignèrent du précipice et coururent se cacher dans les bouquets d'arbres qui ponctuaient le plateau herbu. Frissonnants de froid et d'excitation, ils se tinrent à l'affût.

Au bout de plusieurs heures, leurs proies apparurent — des douzaines d'ânes à pattes fines broutant dans ces herbages qui même en hiver nourrissaient tout une variété d'animaux. En troupeau compact, les bêtes s'approchaient toujours davantage de la falaise et des ravins. Soudain, l'homme qui menait la chasse bondit hors de sa cachette et se mit à courir en direction des bêtes tout en frappant ses bâtons l'un contre l'autre et en poussant des sortes de hululements. Les autres s'élancèrent à sa suite, se déployèrent d'un bord à l'autre du plateau et foncèrent vers la falaise. Les ânes, affolés par les cris et le choc retentissant des bâtons, se mirent à tourner sur place en proie à la panique puis tentèrent de fuir devant les hommes qui leur couraient sus. Certains cherchèrent désespérément une issue vers la droite ou vers la gauche mais rebroussèrent chemin devant l'abrupt des ravins. Bientôt, le troupeau entier fonçait droit en direction de la falaise.

A mesure qu'il s'en approchait, les hommes des deux ailes pressaient le pas, donnant à la ligne hurlante la forme d'un demi-cercle de plus en plus serré. Les ânes, déchirant l'air froid de leurs braiements stridents, se trouvaient à présent tout proches du bord de la falaise ; quelques-uns, voyant le danger, firent volte-face et réussirent à passer à travers les mailles des rabatteurs. Mais pour la plupart, il n'y eut pas de salut ; ils se jetèrent dans le vide ou y furent précipités par leurs poursuivants.

Le gros du troupeau périt en s'écrasant sur les rochers de la vallée. Les survivants, leurs frêles pattes brisées, furent promptement mis à mort à coups

A peine visible sur la paroi de la grotte de Gargas dans les Pyrénées françaises, ces mains d'artistes de l'époque glaciaire nous font signe à 12000 ans de distance. Ces dessins, fréquents dans l'art pariétal européen de l'homme de Cro-Magnon, sont obtenus en jetant une poudre de pigment sur les doigts plaqués contre le roc.

de massue ou d'épieu par les chasseurs qui attendaient au pied de la paroi. La tuerie terminée, ceux-ci hissèrent les carcasses jusqu'au camp où ils les dépecèrent avec leurs couteaux de silex.

Cette chasse à grande échelle, reconstituée grâce aux témoins fossiles découverts en 1953, se déroula en Crimée voici quelque 30000 ans, à un moment où la terre était en grande partie recouverte par les glaces. L'habitat de nos chasseurs était éloigné des inlandsis massifs qui s'avançaient très bas dans l'hémisphère Nord. Mais leur environnement — climat, flore et faune — était façonné par les énormes glaciers qui ne se retiraient de temps à autre que pour avancer à nouveau.

Au moment où se déroulait en Crimée cette chasse hautement organisée, l'humanité avait déjà plusieurs millions d'années d'existence, encore que, pendant l'essentiel de cette période, les créatures dénommées *Homo* se soient montrées nettement moins intelligentes et ingénieuses. La société humaine connaissait à présent un développement qui s'accélérait. Les hommes avaient pleinement atteint le stade de la modernité : ils vivaient grâce à leur ingéniosité et accumulaient un ensemble de connaissances tout à fait hors de portée même de leurs ancêtres récents.

Certains voient dans la civilisation le résultat des empiètements des glaciers. Le langage, la coopération, la capacité de prévoir, toutes ces acquisitions qui permirent à nos antiques chasseurs de pousser un troupeau d'ânes vers un précipice peuvent, pour une part, apparaître en réponse aux modifications climatiques qui ont accompagné à la surface du globe les avancées et les reculs des glaciers. Un anthropologue sud-africain, Charles K. Brain, a affirmé que si l'humanité n'avait pas eu à faire face à de tels défis du milieu, elle serait peut-être encore confinée dans un stade élémentaire de son évolution et mènerait une vie toute de simplicité sous les tropiques.

La période froide qui vit l'essor de l'homme moderne fut rien moins qu'un phénomène isolé et aberrant. Certaines formations rocheuses portent les traces d'une action glaciaire massive remontant, estime-t-on, à plus de deux milliards d'années ; le dernier milliard d'années a connu au moins six autres périodes glaciaires, séparées, apparemment, par des intervalles d'environ 150 millions d'années et n'en durant pas moins de 50. Ce terme même de période glaciaire risque d'induire en erreur car il désigne à la fois une phase continue de glaciation durant à peine quelques dizaines de millénaires et un refroidissement planétaire qui peut s'étendre sur des millions d'années et consiste en une série d'avancées et de reculs des glaces appelés glaciaires et interglaciaires. Pour des raisons pratiques, cependant, il semble raisonnable d'appeler les phénomènes de plus longue durée «ère glaciaire» ou «époque glaciaire» et de réserver le terme de «période glaciaire» aux moments relativement brefs où le refroidissement est le plus sévère.

L'ère glaciaire la plus récente à commencé voici quelque 65 millions d'années. Ses débuts furent bénins. Il y a 55 millions d'années, de petits glaciers commencèrent à se former dans l'Antarctide. Croissant puis décroissant pour croître à nouveau, ils s'étendirent peu à peu et fusionnèrent pour former une calotte de glace qui, il y a 20 millions d'années, recouvrait tout le continent. Vers −12 millions d'années, des glaciers apparurent sur les montagnes de l'Alaska ; vers −3 millions, le Groenland fut recouvert par un inlandsis. Dès le début de la période géologique dénommée Pléistocène, soit il y a deux millions et demi d'années, les inlandsis d'Amérique du Nord et d'Europe avaient réussi à pénétrer à quatre reprises au moins — et peut-être même à dix reprises — fort loin dans les latitudes moyennes. On peut considérer chacune de ces incursions comme une période glaciaire en soi. En dix autres occasions, les inlandsis dépassèrent largement leur limite présente.

Nous sommes à présent dans un interglaciaire mais la période glaciaire continue. Les glaciers maintiennent leur emprise sur une partie considérable de la planète. Près de 25 millions de kilomètres cubes de glace pèsent sur le continent antarctique et plus de 2 millions sur le Groenland et autres régions proches du pôle Nord. Au total, quelque 10 p. cent des terres émergées sont recouvertes par les glaces et 14 p. cent ont un sol constamment gelé en profondeur (pergélisol). Si toute la glace de la planète fondait, l'eau ainsi libérée ferait monter le niveau des mers d'environ soixante-sept mètres, engloutissant bon nombre des principales villes du monde.

On ne connaît pas grand-chose des périodes glaciaires qui ont précédé le Pléistocène. Cependant, aucun doute ne subsiste sur le fait que ces phases de refroidissement ont affecté profondément le cours de l'évolution. L'essor du genre Homo en est l'illustration.

Déjà peut-être il y a dix millions d'années, des ancêtres simiesques de l'homme cherchaient leur nourriture dans les luxuriantes forêts d'Afrique et d'Asie. Mais le monde accueillant et chaud de ces créatures se refroidissait peu à peu à mesure que s'étendaient les inlandsis des hautes latitudes. Les forêts hospitalières reculèrent vers l'équateur, laissant la place à des bois clairsemés et de vastes herbages. Pendant quelque temps, nos singes se maintinrent dans les forêts de plus en plus réduites, affrontant une concurrence de plus en plus rude de la part de leurs semblables et d'autres habitants des forêts pour se procurer une nourriture raréfiée. Enfin, il y a sans doute quatre ou cinq millions d'années, les premiers protohumains ou hominidés apparurent en Afrique où ils commencèrent à déserter la forêt dense qui avait abrité leurs ancêtres si longtemps pour se répandre en nombre croissant dans les zones de forêts claires puis d'herbages.

Au début, ces nouveaux venus durent paraître vulnérables et mal équipés pour survivre dans cet environnement. Ils n'avaient pas le pied aussi léger que les chevaux, les zèbres et les autres animaux qui paissaient dans la savane et ils ne possédaient ni crocs acérés ni griffes pour se défendre contre des prédateurs tels que le léopard ou le machérode. Par contre ils étaient porteurs des germes d'évolution qui leur permettraient un jour de maîtriser ce milieu sans arbres et de s'adapter à d'autres conditions naturelles.

Durant leur long séjour dans les forêts touffues, les hominidés avaient acquis une excellente vision des couleurs et une perception des distances qui excédait de loin les capacités des autres habitants des savanes. Leurs mains s'étaient aussi modifiées et ils possédaient des doigts propres à agripper les branches d'arbres ainsi que, on allait le voir bientôt, à façonner des outils et des armes. Enfin, et c'est tout aussi important, ils évoluaient vers la station verticale permanente, posture qui leur libérait les mains et leur permettait d'utiliser ces outils et ces armes.

Les premiers temps qu'ils se risquèrent dans la prairie, les protohumains survécurent peut-être en partie en dévorant des carcasses d'animaux abattus par des prédateurs quadrupèdes. Mais ils tuèrent bientôt eux-mêmes et, afin de venir plus aisément à bout de leurs proies, ils se munirent de bâtons et de pierres. Ils s'aperçurent également que la coopération pouvait rendre leurs chasses plus fructueuses ; mais il fallait pour cela pouvoir communiquer et il

Les rythmes complexes du froid

L'être humain n'a jamais connu le climat normal de la terre. Pendant l'essentiel de ses 4,6 milliards d'années d'existence, la planète a été brûlante ou desséchée et complètement dépourvue de glaciers. Seules les sept grandes ères glaciaires, chacune représentant en moyenne 50 millions d'années ont amené des températures plus fraîches ; l'humanité est alors apparue au cours de la plus récente période glaciaire.

La figure de droite, qui présente une chronologie simplifiée des glaciations, porte en bleu, à la première ligne, les ères glaciaires connues. Chacune d'elles englobe plusieurs époques glaciaires, dont les températures moyennes sont encore plus basses. Dans ses 65 millions d'années, l'ère actuelle (*deuxième ligne*) a connu six époques glaciaires.

Le début de celle du Pléistocène, il y a 2,4 millions d'années (*troisième ligne*), avec l'expansion considérable des inland-sis, inaugura l'un des épisodes les plus froids de l'histoire terrestre. Ces offensives particulièrement vigoureuses des glaces constituent les périodes glaciaires.

La plus rapprochée de ces périodes (*quatrième ligne*), précédée et suivie par des phases plus chaudes — interglaciaires —, commença il y a environ 120 000 ans. Après un premier maximum 50 000 ans plus tard, elle se modéra quelque peu et marqua un nouveau temps fort il y a 18 000 ans. Dans les 10 000 dernières années — interglaciaire holocène —, à trois reprises (*cinquième ligne*), les températures descendirent au-dessous de la moyenne planétaire actuelle de 15°C. L'un de ces épisodes, qui a duré du XVᵉ au XIXᵉ siècle, a reçu le nom de « petit âge glaciaire (*sixième ligne*). Le siècle relativement doux qui suit prit fin dans les années soixante. Nous subissons actuellement une nouvelle période de refroidissement.

Au plus fort de la dernière glaciation, il y a 18 000 ans, les glaciers recouvrirent de vastes régions du globe (*en bleu sur la carte ci-dessous*). 70 millions de kilomètres cubes d'eau ayant été transformés en glace, le niveau des mers baissa de 120 mètres ; la forme des continents changea (*en vert*) et des ponts continentaux apparurent notamment entre l'Asie et l'Amérique du Nord.

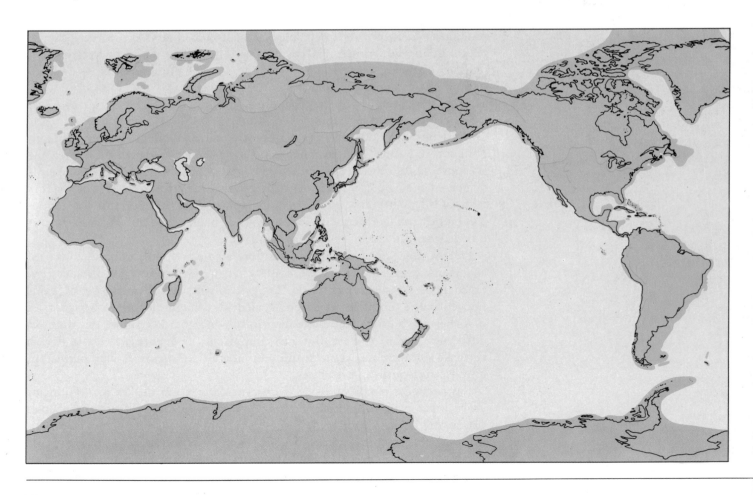

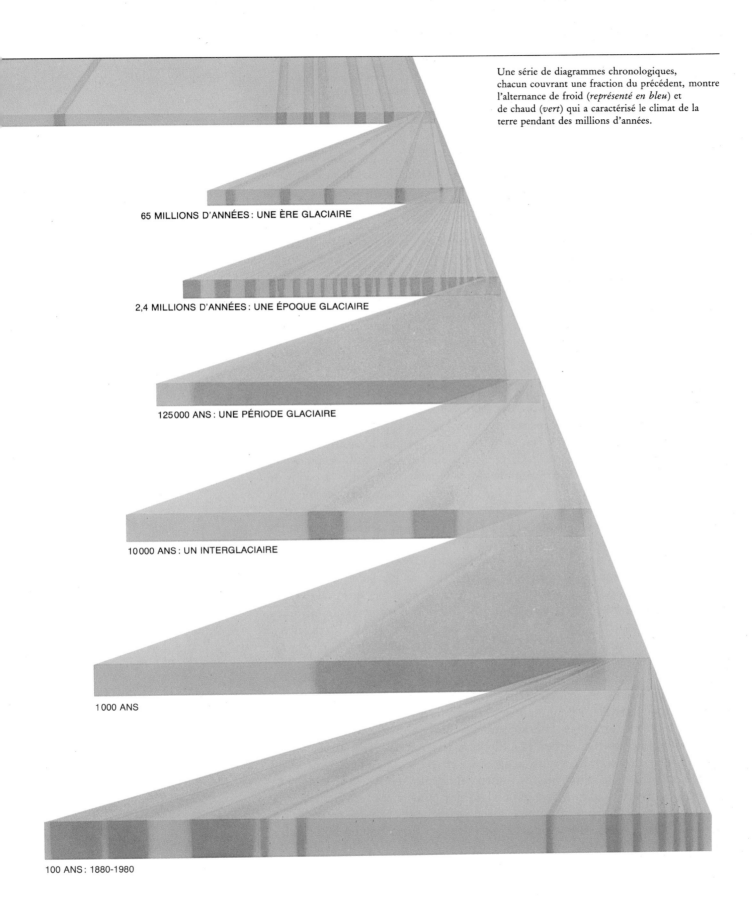

Une série de diagrammes chronologiques, chacun couvrant une fraction du précédent, montre l'alternance de froid (*représenté en bleu*) et de chaud (*vert*) qui a caractérisé le climat de la terre pendant des millions d'années.

65 MILLIONS D'ANNÉES : UNE ÈRE GLACIAIRE

2,4 MILLIONS D'ANNÉES : UNE ÉPOQUE GLACIAIRE

125 000 ANS : UNE PÉRIODE GLACIAIRE

10 000 ANS : UN INTERGLACIAIRE

1 000 ANS

100 ANS : 1880-1980

est donc probable qu'ils se dotèrent d'un langage rudimentaire pour répondre aux nécessités de la chasse et de la vie en groupe.

Vers le milieu du Pléistocène, soit il y a environ un million d'années, les protohumains étaient devenus l'*Homo erectus* — l'homme complètement redressé — dont le cerveau excédait largement celui de tous ses ancêtres, encore qu'il n'attînt que les deux tiers de celui de l'homme moderne. C'est sous cette forme que l'espèce humaine allait se répandre depuis l'Afrique et peupler une bonne partie de l'Europe et de l'Asie. Il semble que le froid rigoureux du Pléistocène empêcha les nomades de dépasser beaucoup vers le nord les latitudes de la France méridionale ou de la mer Noire avant que, vers −800 000 ans, ils apprennent à utiliser et à maîtriser le feu. Ce don précieux devait leur permettre de vivre à des latitudes élevées même en pleine période glaciaire. Ainsi, peu à peu, l'*Homo erectus* multipliait ses repères au sein de son environnement si bien qu'il y a 300 000 ans environ son espèce atteignait le stade d'évolution que les paléonthologistes honorent du nom d'*Homo sapiens* — l'homme pensant.

Vers −100 000 ans, fit son entrée sur la scène de l'évolution une variété d'*Homo sapiens* à laquelle on a donné le nom de la vallée d'Allemagne où l'on a trouvé en 1856 ses premiers vestiges : Néanderthal. Bien que très rares, les fossiles remontant aux premières générations permettent de penser que les Néanderthaliens habitant l'Europe vers −70 000 ans étaient physiquement bien adaptés à des périodes de froid extrême. Leur carrure courtaude et trapue conservait la chaleur du corps plus efficacement que ne l'eût fait une conformation longue et mince, et leur large nez se prêtait bien au réchauffement de l'air qu'ils inspiraient. Leur capacité de maîtriser le feu, de fabriquer des outils de pierre et de confectionner des vêtements sommaires à partir de peaux de bêtes préparait bien les Néanderthaliens à affronter la période glaciaire qui débuta peu après leur apparition.

Vers −125 000 ans, dans tout l'hémisphère Nord, les températures entamèrent une baisse graduelle. Au cours des 5 000 années suivantes, le volume des inlandsis s'accrut de près de 5 kilomètres cubes par an. Sous cette augmentation de poids considérable, les masses glaciaires se mirent à se déformer et à s'écouler inexorablement vers leur pourtour. Toutefois, leur progression ne fut pas constante ; en deux occasions au moins, durant d'éphémères réchauffements du climat de la planète, elles reculèrent. Mais la tendance à long terme était décidément au refroidissement et, vers −65 000 ans, les inlandsis de l'hémisphère Nord recouvraient une superficie comprenant l'essentiel du Canada et de la Scandinavie.

Mais même loin de ces glaces, les hivers se firent plus longs et plus froids et les étés frais et secs. Peu à peu, en bien des régions d'Europe, la forêt céda du terrain et les bois clairsemés, la prairie et la toundra apparurent. Ce n'étaient pas là des conditions bien propices à l'hivernage pour des êtres humains ; au cours des glaciations précédentes, ceux qui s'étaient avancés vers le nord de l'Europe avaient en général fui ces milieux inhospitaliers. Les Néanderthaliens, eux, réussirent à tenir bon et pendant des millénaires cette race hardie prospéra dans une Europe aux hivers glacés, s'abritant dans des cavernes ou dans des cabanes sommaires faites d'ossements et de peaux de bêtes et se nourrissant de divers gibiers et plantes.

Ces premiers hôtes des contrées glaciales ne ressemblaient guère à la brute lourdaude et courbée de l'imagerie populaire (*pages 24-27*). Leur cerveau était même légèrement plus volumineux que celui de l'homme actuel et ils firent face avec une ingéniosité remarquable à un milieu hostile. Les chasseurs néanderthaliens opéraient de concert pour capturer non seulement de petites proies mais des bisons, des élans et des rennes et déplaçaient leurs campements selon les saisons pour éviter les pires rigueurs de l'hiver.

Les Néanderthaliens étaient également accessibles à la pitié et à la spiritualité. Les préhistoriens ont exhumé des vestiges d'individus que leurs infirmités auraient rendus incapables de survivre par eux-mêmes et qui ont donc vécu à la charge de leurs compagnons. Les prédécesseurs des Néanderthaliens auraient sûrement abandonné ces vieillards ou ces handicapés mais eux les ont nourris et leur ont fait une place dans leurs bandes nomades. Les fouilles ont d'autre part montré que les Néanderthaliens pourvoyaient avec tendresse au repos de leurs morts et garnissaient la tombe de nourriture et d'outils de silex destinés apparemment à une survie dans l'au-delà. En 1960, l'analyse de pollens recueillis dans une sépulture néanderthalienne d'Irak a prouvé que celle-ci avait été recouverte de guirlandes de fleurs. Au passif des Néanderthaliens, des indices permettent d'avancer qu'ils se livraient sans doute au cannibalisme et à l'infanticide. Il n'en reste pas moins qu'ils étaient nettement plus évolués que leurs ancêtres.

L'ingéniosité et les efforts des Néanderthaliens ne les empêchèrent pas de disparaître. Il y a quelque 40000 ans apparut un nouveau type humain, dénommé l'homme de Cro-Magnon, d'après le site français où l'on découvrit son squelette. Ces hommes de la race de Cro-Magnon ont une apparence moderne et une intelligence développée. Ils savent tailler la pierre et façonner toute une série d'outils en os et en bois qui surpassent de loin les réalisations néanderthaliennes. On ignore le moment et le lieu de leur première apparition. Des vestiges provenant du Moyen-Orient et d'ailleurs laisseraient penser qu'ils sont issus de populations néanderthaliennes. Mais ce processus évolutif ne semble pas s'être produit en Europe occidentale où leur présence résulterait de migrations. Cet afflux fut désastreux pour les Néanderthaliens. 5000 ans à peine après l'arrivée de l'homme de Cro-Magnon en Europe — intervalle d'une brièveté stupéfiante comparée à la lenteur de l'évolution jusqu'alors —, les Néanderthaliens avaient disparu.

Cette soudaine disparition constitue l'une des plus grandes énigmes des temps glaciaires. De nombreux savants ont longtemps pensé que les nouveaux venus, plus évolués, avaient tout bonnement supprimé leurs prédécesseurs, mais les fouilles n'ont fourni aucun indice d'un massacre aussi massif. D'autres autorités soutiennent que les deux peuples se sont mêlés et croisés ou que les Néanderthaliens, relativement arriérés, ont fui devant les empiètements des arrivants, pour s'éteindre finalement dans les régions retirées où ils avaient cherché refuge.

La puissance de l'intelligence de ces hommes de la race de Cro-Magnon ne fait aucun doute. Vivant en groupes plus nombreux et plus organisés que les hominidés qui les avaient précédés, ils ont fini par peupler la plus grande partie du monde. Dès −30000 ans, ils avaient atteint l'Australie après avoir sauté d'île en île sur leurs embarcations, le long de la péninsule malaise ; dès −25000 ans, ils avaient probablement réussi à franchir l'isthme de Béring et ils s'établirent en Alaska, où ils restèrent jusqu'à ce que le recul de l'inlandsis canadien leur ouvrît un couloir suffisamment vaste leur permettant de progresser en direction du sud.

Les conquêtes de l'homme de Cro-Magnon coïncidèrent avec la phase la plus rigoureuse de la glaciation. Les inlandsis avaient amorcé un lent recul vers

−60 000 ans, encore que le climat restât sévère. Mais vers −35 000, ils reprenaient une nouvelle fois leur avance, se dilatant comme de gigantesques amibes et marquant durablement la face de la terre.

Il y a 18 000 ans, les inlandsis avaient atteint leur plus grande extension et recouvraient environ un tiers de la surface terrestre sous 1 500 mètres de glace en moyenne. Dans l'hémisphère Nord, le plus vaste inlandsis était centré sur la baie d'Hudson. Cet inlandsis de la Laurentide, fusionnant avec ceux, plus petits, de l'île d'Ellesmere et de l'île de Baffin, oblitérait la totalité du Canada oriental. Progressant vers le sud à une vitesse moyenne de 60 à 120 mètres par an, il s'ouvrit un passage au cœur de la Nouvelle-Angleterre, de l'Illinois, de l'Indiana et de l'Ohio. Sur son flanc ouest, des lobes secondaires rejoignaient l'inlandsis des cordillères qui s'écoulait depuis les Rocheuses canadiennes pour recouvrir des parties de l'Alaska, une grande portion du Canada occidental et des régions du Washington, de l'Idaho et du Montana. L'inlandsis groenlandais grossit d'un tiers et se souda à celui d'Ellesmere; l'Islande était totalement ensevelie sous la glace.

De l'autre côté de l'Atlantique, un inlandsis rayonnait depuis le fond du golfe de Bothnie, en Scandinavie; vers le sud-est, il atteignait le site de Moscou, recouvrait l'est du Danemark et le nord de l'Allemagne et de la Pologne et fusionnait dans la mer du Nord avec un inlandsis moins vaste qui s'écoulait des Highlands écossais, des monts de l'Angleterre septentrionale, du pays de Galles et d'Irlande. La Suisse et les régions voisines d'Autriche, d'Allemagne, de France et d'Italie étaient ensevelies sous une masse de glace alpine qui s'étendait depuis le Rhône, en amont de Lyon, jusqu'à Graz, en Autriche. Les Pyrénées dressaient entre France et Espagne un véritable rempart de glace. Plus au nord-est, un inlandsis s'était formé sur l'Oural septentrional et les hauteurs de la Nouvelle-Zemble. Des calottes plus petites régnaient sur la Sibérie centrale et orientale et sur les monts Tian Shan, en Asie centrale. Quant aux glaciers de l'Himalaya, ils s'étendaient bien au-delà de leurs limites actuelles.

Dans l'hémisphère Sud, l'inlandsis antarctique était d'environ 10 p. cent plus important qu'aujourd'hui, se déployant en mer jusqu'au rebord du plateau continental. Sur ses marges, les plates-formes glaciaires flottantes vélaient d'innombrables icebergs et en hiver l'océan gelait sur une étendue considérable. A l'échelle du monde, la glace finit par couvrir la moitié de la surface des océans. Des glaciers de montagne apparurent en Nouvelle-Zélande, en Tasmanie et en Australie. En Amérique du Sud, les glaciers descendus des Andes s'avancèrent loin dans les plaines de Patagonie. Même les tropiques ressentirent les effets du refroidissement planétaire; des glaciers se formèrent sur Mauna Kea et Mauna Loa, à Hawaï, et sur le mont Elgon en Ouganda, montagnes aujourd'hui dépourvues de glaces.

Les inlandsis, au moment de leur plus grande extension — croissant encore ici et décroissant là — avaient conquis quelque 44 millions de kilomètres carrés de terres. 70 millions de kilomètres cubes d'eau étant transformés en glace — c'est-à-dire presque le triple de ce que contiennent les inlandsis actuels —, le niveau des mers baissa alors spectaculairement. Si l'on ne prenait en compte que la masse d'eau ayant servi à la formation des inlandsis, on obtiendrait une décrue de plus de 150 mètres.

En réalité, cette baisse fut atténuée par d'autres forces mises en jeu par la glaciation. Le seul poids des masses glaciaires déforme la surface de la terre, enfonçant la croûte rigide dans le manteau élastique sur le tiers de l'épaisseur

Le Néanderthalien nouvelle manière

Les Néanderthaliens, ces êtres humains qui ont habité l'Europe entre 100 000 et 40 000 av. J.-C., ont été victimes d'une profonde incompréhension. La découverte au XIXᵉ siècle des premiers fossiles de Néanderthal coïncida avec le courant d'indignation provoqué par la théorie darwinienne de l'évolution. On répugnait tant à l'idée que l'homme pût avoir des ancêtres primitifs qu'on dénia l'appartenance de ces ossements au genre Homo pour les attribuer à un singe. Cet ostracisme reçut en 1913 la caution d'un éminent savant français, Marcellin Boule, qui déclara que le Néanderthalien avait les épaules voûtées et les jambes arquées; il se fondait sur la reconstitution grossièrement erronée d'un unique squelette néanderthalien, chez lequel on devait déceler de graves symptômes d'arthrite.

Les nouvelles techniques d'étude des fossiles permettent à présent de se représenter le Néanderthalien comme un individu complètement redressé et agile, d'une intelligence sans doute proche de la nôtre. Cette conception inspire les représentations dues à Jay Matternes, peintre et naturaliste spécialisé dans la restitution scientifiquement exacte de primates et d'hommes primitifs. Procédant par modelages et dessins (*à droite et pages suivantes*), Matternes a reconstitué les muscles, la graisse et la peau d'après les théories les plus avancées concernant cet ancêtre injustement méprisé.

Ce dessin du XIXᵉ siècle illustre l'idée de la brute néanderthalienne qui prévalait alors. Plus exact est le portrait dû au dessinateur Jay Matternes (*pages 26-27*), que l'on voit à droite examiner, face à un miroir, un moulage de crâne.

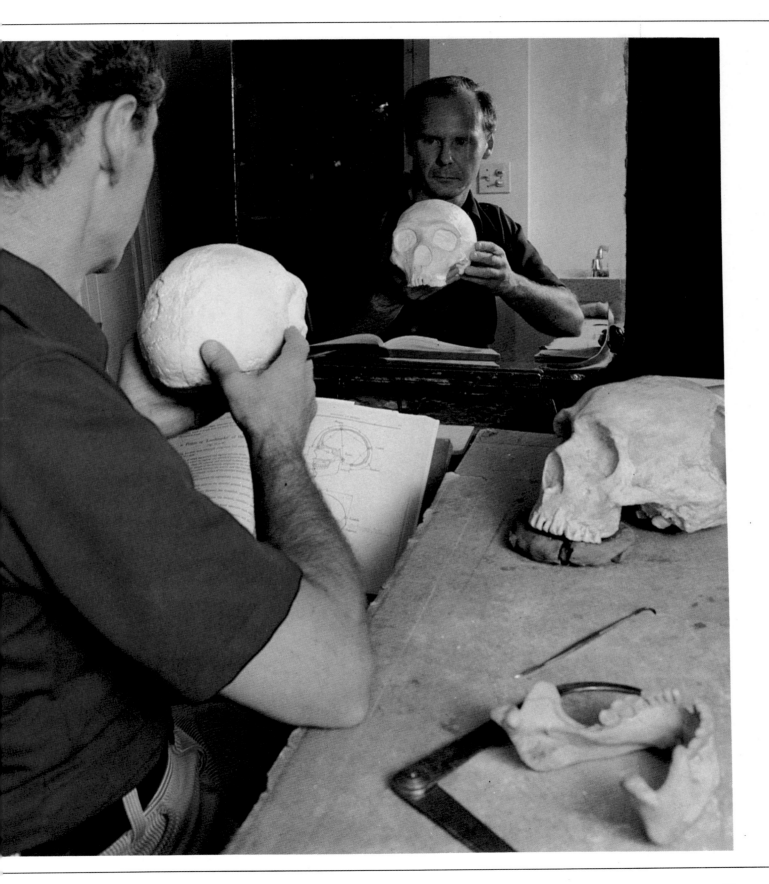

L'étude minutieuse d'un cadavre d'orang-outang
a fourni à Jay Matternes d'importantes indications
anatomiques pour représenter l'homme de
Néanderthal. Enlevant successivement la peau,
la graisse et les muscles, Matternes a mesuré
et photographié la structure des tissus du singe,
qui est semblable à celle de l'homme.

Matternes complète son dessin d'un squelette
néanderthalien en ajoutant les muscles et la graisse.
Les stries indiquent les attaches des muscles.

Ce Néanderthalien mâle, dépourvu de poils, car le
scrupuleux peintre Matternes s'interdit toute
spéculation non étayée sur de sérieux indices, a
une apparence très nettement humaine.

des inlandsis. Cet affaissement provoqua une surrection équivalente du fond des océans, qui se souleva même davantage puisque le poids de l'eau qui le recouvrait était réduit. Les inlandsis étaient en outre si massifs qu'ils exerçaient une force gravitationnelle sur les mers : aux abords de la glace, leur niveau monta d'une trentaine de mètres peut-être.

Le bilan final de ce jeu de forces se traduisit par une baisse du niveau marin de quelque 120 mètres, qui élargit certaines plaines côtières de 400 kilomètres et accrut la superficie des terres émergées de 8 p. cent environ. Le golfe Persique fut asséché ; l'Adriatique ne baignait la botte italienne qu'aux trois quarts, laissant le site de Venise à 240 kilomètres à l'intérieur des terres. La glaciation unifia géographiquement des pays qui plus tard seront séparés. L'Irlande était reliée à la Grande-Bretagne, elle-même rattachée à la France. L'Amérique du Nord et l'Eurasie étaient soudées dans la région du détroit de Béring à la place duquel s'étendait une immense plaine mesurant plus de 1500 kilomètres de large du nord au sud. L'archipel qui prolonge vers le sud-est la péninsule malaise devint une terre d'un seul tenant qui rattachait Sumatra, Java et les Philippines au continent asiatique. Seul un étroit chenal la séparait de l'île des Célèbes ; un autre détroit coupait celle-ci de la Nouvelle-Guinée, devenue elle-même un appendice de l'Australie.

Sur les terres qu'ils avaient envahies, les inlandsis laissèrent de spectaculaires cicatrices. Ils dévastèrent le sol, polissant et striant le soubassement rocheux et pulvérisant littéralement des rochers. Lorsqu'ils se heurtaient à des ressauts rocheux, ils submergeaient ou contournaient l'obstacle auquel ils arrachaient des blocs rocheux pour les entraîner au loin. Ils creusèrent de profonds bassins et ouvrirent ou approfondirent des vallées en leur donnant un profil en U caractéristique. Au sud du lac Ontario, l'inlandsis de la Laurentide tailla un diadème de onze cuvettes qu'on appelle aujourd'hui les Finger Lakes (lacs en forme de doigt) ; le plus grand, Cayuga Lake, a 60 kilomètres de long et plus de 120 mètres de fond. En Norvège, la glace scia les monts du littoral et creusa bien au-dessous du niveau de la mer des fjords qui atteignent 1200 mètres de profondeur.

Dans leur progression, les langues issues des inlandsis tendaient à suivre les vallées fluviales, c'est-à-dire la ligne de moindre résistance. Mais il arrivait qu'elles franchissent des crêtes et barrent des rivières. Pour s'écouler, celles-ci devaient alors s'ouvrir de nouvelles vallées, bouleversant ainsi le réseau hydrographique. Quand la glace fermait une vallée, le résultat pouvait être différent. C'est ainsi qu'aux confins du Montana et de l'Idaho une langue de glace issue de l'inlandsis des cordillères vint obturer la vallée de la rivière Clark Fork et créa un lac de 8000 kilomètres carrés. Quand le barrage glaciaire finit par céder, c'est une masse d'environ 1200 kilomètres cubes d'eau qui s'échappa, probablement en quelques jours. Ce flux torrentiel surcreusa profondément la vallée et charria des blocs de plus de dix mètres de diamètre à des centaines de kilomètres sur les plateaux de la Columbia.

Là où les langues de glace s'arrêtaient, elles déposaient sans autre cérémonie leurs charges chaotiques de débris, les moraines, formant des éminences atteignant 50 mètres de haut. Ce sont les moraines terminales. Là où ils repassaient sur des moraines antérieurement déposées, les glaciers les façonnaient en séries de drumlins, collines ovoïdes alignées parallèlement au sens d'écoulement de la glace. D'autres reliefs sont dus aux cours d'eau coulant à l'intérieur et près du front de la glace. Les torrents d'eau de fonte formaient des tunnels dans lesquels ils déposaient le sable et le gravier qu'ils transportaient ; lorsque la glace se retira, ces dépôts demeurèrent en longs bourrelets sinueux appelés eskers que l'on voit aujourd'hui onduler à travers la campagne comme des quais de gare aberrants.

Le niveau des mers ayant baissé, le cours des rivières devint plus long et plus rapide ; les rivières recreusèrent leurs vallées, laissant au-dessus d'elles et à sec leurs anciennes plaines d'épandage. Mais elles se trouvèrent incapables d'évacuer la masse des débris apportés par les torrents d'eau de fonte provenant des abords des inlandsis. Le cours supérieur de nombreux grands fleuves fut engorgé de cailloutis et autres sédiments glaciaires entre lesquels ils se ramifiaient en de multiples bras sinueux et erratiques. Les matériaux les plus fins, limon et argile, furent soulevés par le vent et transportés en nuages denses très loin des inlandsis. Là où ils se déposèrent, ils formèrent des couches pulvérulentes et homogènes pouvant atteindre 150 mètres d'épaisseur. Avec le temps, ces sédiments éoliens appelés loess, d'un vieux mot allemand qui signifie « léger », « meuble », couvrirent près de trois millions de kilomètres carrés en Asie, en Europe et en Amérique du Nord.

Sur le pourtour des inlandsis, les vents soufflaient fort et froid. Des masses d'air froid de 100 à 200 mètres d'épaisseur à peine descendaient le long de la surface glacée comme des nappes d'eau. En s'engouffrant dans les vallées, ces vents prenaient de la vigueur et dépassaient parfois 300 kilomètres à l'heure quand ils débouchaient dans les plaines.

Au plus fort de la glaciation, il y a quelque 18 000 ans, les températures avaient nettement baissé dans une zone incluant la majeure partie de l'Europe et la moitié nord des Etats-Unis. En Grande-Bretagne, les températures moyennes étaient inférieures de six à sept degrés aux moyennes actuelles, rendant ce pays aussi froid que l'Alaska d'aujourd'hui ; dans le Middle West américain, les températures étaient inférieures de 10 degrés. Les régions sub-tropicales et tropicales furent moins sévèrement touchées ; les premières connaissaient des moyennes inférieures d'environ deux degrés par rapport aux températures qu'elles enregistrent de nos jours et la forêt équatoriale ne devait offrir guère plus de fraîcheur qu'actuellement.

A la surface des océans, les températures évoluaient de même. L'Atlantique Nord, au large de Terre-Neuve, connaissait un été plus froid de 14 degrés qu'aujourd'hui et l'Atlantique central, de 10 degrés. Le refroidissement était plus sensible dans l'Atlantique Nord que dans le Pacifique Nord, en partie parce que la fermeture du détroit de Béring empêchait les courants chauds du Pacifique de passer dans l'océan Arctique et en partie parce que les courants chauds de l'Atlantique étaient entraînés vers le sud. Le Gulf Stream, au lieu de suivre une orientation nord-est, de la Floride vers la Scandinavie, dérivait vers l'est, en direction de l'Afrique. La mer était alors aussi froide au large de l'Espagne qu'elle l'est actuellement au large du Groenland.

Comme les glaciers ne s'accroissent que s'il s'accumule plus de neige en hiver qu'il n'en fond en été, on pourrait supposer que les précipitations augmentèrent pendant la période glaciaire. En réalité, c'est le contraire qui s'est produit en bien des régions : le refroidissement atmosphérique réduisit tant l'évaporation à la surface des mers (dont une grande partie était en outre recouverte de glace) que la quantité d'humidité que l'air pouvait emmagasiner. Il en résulta, à l'échelle du globe, une baisse de 20 p. cent des précipitations. Celle-ci dut même être plus marquée au-dessus des terres car l'abaissement du niveau marin et l'extension consécutive des terres émergées accrurent l'étendue des zones de climat continental sec. En Angleterre, la pluviosité n'atteignait qu'entre le tiers et la moitié des moyennes actuelles : l'île était aussi sèche que le Maroc de nos jours.

Dans certaines régions, toutefois, les conditions locales amenèrent un accroissement du régime pluvial qui, combiné à l'affaiblissement de l'évaporation, permit la formation de lacs là où s'étendent à présent des déserts. La vallée de la Mort, en Californie, renfermait un lac de 150 mètres de profondeur ; le lac Bonneville couvrait un bonne partie de l'Utah, du Nevada et de l'Idaho actuels, avec des fonds de 300 mètres et une superficie presque égale à celle du lac Michigan que nous connaissons. En Afrique, le lac Tchad atteignit presque les dimensions de la mer Caspienne et celle-ci vit son niveau s'élever à tel point qu'au plus fort de la glaciation ses eaux se mêlèrent à celles de la mer d'Aral, à 600 kilomètres à l'est.

L'assaut combiné du froid et de l'aridité modifia profondément la flore, et les zones de végétation à la surface du globe se concentrèrent vers l'équateur. Non seulement, leur implantation diminua, mais leur composition changea. Sur le pourtour des inlandsis régnait une toundra couverte de mousses arctiques, de laiches, de lichens et de bruyères. Sous ce mince manteau de végétation, que la fonte estivale irriguait, le sol, à raison de 20 p. cent du total des terres émergées, était gelé. Par endroits, ce sol perpétuellement gelé en profondeur, ou pergélisol, atteignait parfois 300 mètres d'épaisseur.

D'étranges reliefs apparurent dans cette toundra glacée. L'eau d'infiltration, gelant dans le sol, créait des masses de glace lenticulaires qui soulevaient la surface en formant des dômes — ou pingos, d'après le terme esquimau — pouvant atteindre 50 mètres de haut et plus de 500 mètres de diamètre. Le froid intense contracta le sol en y ouvrant, jusqu'à dix mètres de profondeur, des crevasses où la glace s'accumula en coin. Ces craquelures, quand elles se rejoignent, déterminent des figures polygonales. Ces sols dits polygonaux s'étendent sur des centaines de kilomètres carrés.

Au plus fort de la dernière glaciation, la zone de toundra recouvrait l'Angleterre du Sud, le nord de la France ainsi que l'Allemagne et la Pologne. Vers l'est, elle se mêlait à une forêt claire ; vers le sud, elle cédait la place à une steppe froide et aride qui s'étendait des côtes bretonnes à la Sibérie orientale. Dans des parties abritées du centre sud de la France, de petites formations de bouleaux, de peupliers et de chênes survivaient mais les véritables forêts étaient repoussées au sud des Alpes et des Pyrénées. Même à ces basses latitudes, les conifères à feuilles persistantes dominaient ; les feuillus ne dépassaient pas, vers le nord, les îles de la Méditerranée occidentale, la Grèce méridionale et les rives de la mer Noire, qui était alors un lac d'eau douce, et de la mer Caspienne. L'Afrique du Nord n'était probablement pas plus humide qu'aujourd'hui, mais dans ce climat plus frais, le Maroc, l'Algérie et la Tunisie se couvrirent de forêts de conifères résistant à la sécheresse et de maquis. Le Sahara se présentait déjà comme un désert, mais nettement plus petit et plus tempéré qu'à l'heure actuelle.

En Amérique du Nord, la région de toundra, large aujourd'hui de 1500 kilomètres, était confinée en un étroit corridor, beaucoup plus méridional. Elle courait à la latitude de New York sur 50 à 200 kilomètres de large. Sur le littoral atlantique, la toundra faisait place à des forêts boréales de sapins et de pins qui atteignaient, au sud, l'actuelle Caroline du Sud ; là apparaissait la forêt tempérée mixte. A l'ouest des Appalaches, la forêt boréale, où des bouleaux, des aulnes et des mélèzes se mêlaient aux conifères à feuilles persistantes, s'étendait jusqu'au Dakota et recouvrait les prairies du Middle West jusqu'au

Les faciès torturés du sol gelé

Dix mille ans après la disparition des inlandsis des moyennes latitudes, le froid polaire continue d'étendre au loin son influence engourdissante. Environ 20 % des terres émergées restent gelées en permanence, et parfois sur environ 1 500 mètres de profondeur.

Ce sol périglaciaire, ou pergélisol, se trouve là où la température moyenne annuelle du sol est inférieure à 0°C. Bien qu'en général une certaine fusion superficielle se produise chaque été, elle n'affecte jamais complètement les couches sous-jacentes et le pergélisol s'épaissit chaque hiver jusqu'à ce que la chaleur géothermique venue d'en dessous arrête sa progression. Des milliers d'années sont nécessaires à la formation d'une couche de pergélisol de 30 mètres.

Les conditions périglaciaires règnent sur environ la moitié du Canada et de l'Union soviétique, 85 % de l'Alaska, des parties de la Scandinavie et de la Chine et, bien entendu, presque toutes les terres à nu du Groenland. La colonisation humaine de ces régions est rendue excessivement ardue et coûteuse par l'instabilité du pergélisol. Par endroits, les ponts, les bâtiments et les oléoducs doivent être érigés sur des fondations spécialement conçues, qu'il faut parfois même réfrigérer pour éviter qu'elles ne ramollissent le sol.

La terre elle-même semble presque vivante. Comme le montrent les pages suivantes, la moindre alternance de fonte et de regel pendant des siècles provoque en milieu arctique et sub-arctique de massives ruptures du sol et l'apparition de toute une gamme de reliefs étranges.

Un coin de glace s'enfonce dans le pergélisol de Garry Island, dans le nord-ouest du Canada, sur 6 mètres de profondeur. Des filets d'eau de fonte gelés dans des fissures du sol deviennent, en grossissant chaque année, des coins de glace qui criblent de vastes étendues.

La fonte et le regel répétés du pergélisol, dans les territoires du
Nord-Ouest, ont littéralement lacéré sa surface en polygones, certains
pouvant atteindre une trentaine de mètres de large.

Cette roche délitée témoigne de la puissance que détiennent de petites quantités de glace sur une longue période. Sous l'effet du soleil, des filets d'eau ruissellent sur le rocher et s'insinuent dans des fissures. Quand cette eau regèle en se dilatant, ses effets sont dévastateurs.

C'est la glace et non des esprits qui a disposé ces pierres en «ronds des fées» au Groenland. L'alternance de contraction et d'expansion due au gel et à la fonte amène peu à peu à la surface les matériaux les plus grossiers, puis les écarte en leur donnant la forme d'un cercle.

Des collines coniques ou pingos soulèvent parfois le pergélisol sous l'effet de la glace accumulée sous la surface. Parfois hauts de 50 mètres et dépassant 500 mètres de diamètre, ils peuvent s'effondrer quand la glace fond — comme ici dans la péninsule canadienne de Tuktoyaktuk.

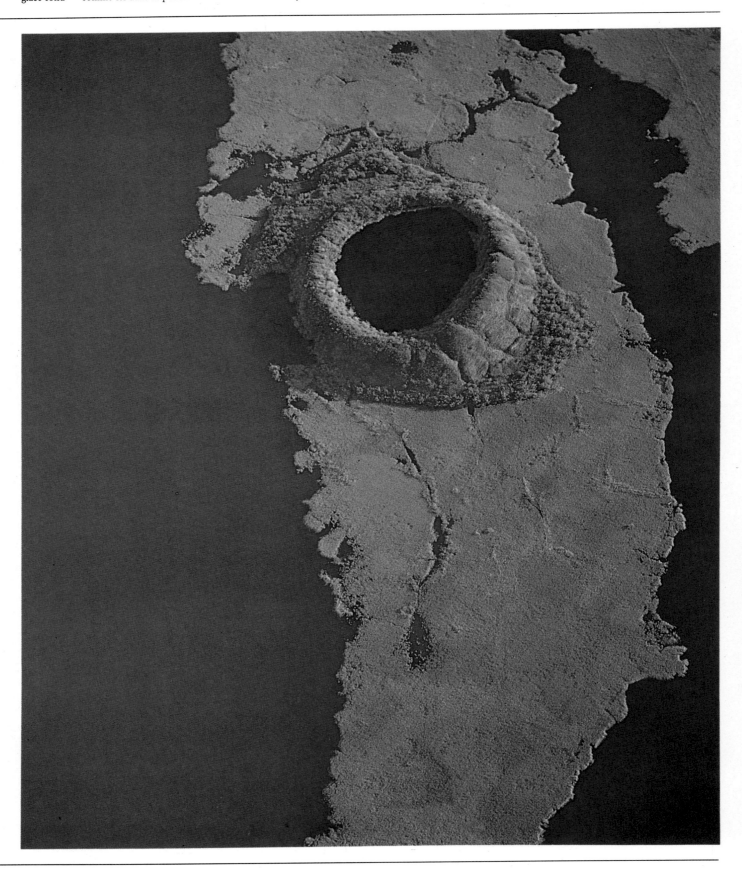

sud de l'Iowa, au nord-est du Kansas et au sud-ouest du Missouri. Les Grandes Plaines étaient totalement forestières. Dans le sud-ouest, l'une des régions où le coefficient pluviométrique s'accrut pendant la période glaciaire, la végétation resta dans une large mesure inchangée, à ceci près que les pins et les sapins gagnèrent sur les feuillus et sur les herbages dans le sud-ouest du Nevada, tandis que l'armoise et le chaparral envahirent de larges portions des déserts Mohave et de Sonora.

Vers −18 000 ans, peu après avoir atteint leur extension maximum, les inlandsis se mirent à reculer. Ce retrait ne fut pas uniforme et quelques avancées se produisirent encore ; mais en quelque 5 000 ans, le front est de l'inlandsis de la Laurentide recula depuis le rebord du plateau continental jusqu'aux abords de l'actuelle côte du Maine. Plus à l'ouest, il arrivait encore, vers le sud, jusqu'au centre de l'Ohio ; mais à peine mille ans plus tard, les États-Unis étaient libres de glace, à l'exception de quelques calottes dans le Maine et des lobes occupant les bassins des lacs Supérieur et Michigan. Vers −10 000 ans, les inlandsis avaient totalement déserté les Grands Lacs, l'estuaire du Saint-Laurent et, en partie, les îles canadiennes de l'Arctique ; le recul s'accélérait, atteignant par endroits une cadence de 600 mètres par an. Vers −7 000 ans, il ne restait plus de l'inlandsis de la Laurentide que deux fragments de part et d'autre de la baie d'Hudson et ceux-ci disparurent vers −6 000 ans. L'inlandsis scandinave se retira à peu près à la même époque que ceux d'Amérique du Nord ; l'archipel danois et la majeure partie de la Grande-Bretagne étaient libérés des glaces dès −14 000 ans et, vers −8 000, il ne restait plus au sud de 70° de latitude nord que quelques calottes glaciaires éparses dans les montagnes de Scandinavie.

A travers tous ces événements titanesques, les hommes de la race de Cro-Magnon manifestèrent une étonnante adaptabilité. Les vestiges recueillis sur les sites préhistoriques en Union soviétique et en France fournissent de précieux renseignements sur les moyens qu'ils utilisèrent pour se protéger et résister aux rigueurs de la glaciation. En Ukraine, un ensemble de sites a été découvert dans la vallée du Don, à quelque 450 kilomètres au sud-est de Moscou, dans le secteur de Kostienki-Bershevo. Il y a 18 000 ans, s'étendait là une steppe froide, presque dépourvue d'arbres et ne présentant ni cavernes ni aucun autre refuge naturel contre les éléments. Les petites troupes de chasseurs habitant le pays se construisirent des abris en creusant des fosses d'environ un mètre de profondeur contre les parois desquelles ils dressaient des os et des défenses de mammouths (leur principale source de nourriture) et qu'ils recouvraient de peaux. Pour parer aux morsures du froid, des feux d'os de mammouths brûlaient continuellement.

Les hommes de la race de Cro-Magnon du sud-ouest de la France, eux, passaient une partie de l'année dans les cavernes qui criblaient les vallées calcaires du bassin de la Dordogne. Ils chassaient aussi le mammouth mais leur nourriture provenait principalement du renne, qui constitue 99 p. cent des vestiges animaux en certains sites. En plus de sa viande, ils extrayaient du renne sa peau qui fournissait le vêtement, ses bois qui servaient de marteau permettant de façonner des outils et des armes, et ses os qu'ils taillaient en harpons, poinçons, aiguilles et hameçons. La chasse impliquait la capacité de dresser des plans à l'avance, et la nécessité de prévoir les transhumances saisonnières des troupeaux de rennes a peut-être poussé ces hommes à élaborer un comput du temps : par exemple, des signes gravés sur un bois de renne découvert en

Façonnés par des artistes de la race de Cro-Magnon il y a quelque 15 000 ans, ces deux bisons d'argile de 60 centimètres de long reposent sur un bloc de grès,

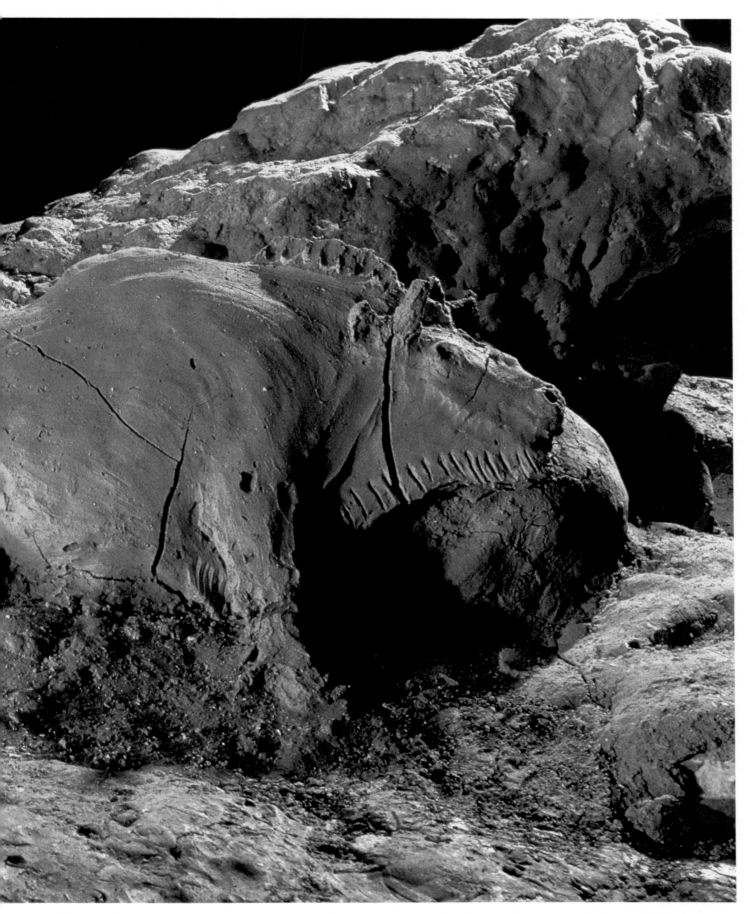

dans une salle reculée d'une grotte ariégeoise. Ces sculptures, découvertes en 1912 par des enfants, servaient peut-être à des rites propitiatoires de chasseurs.

France peuvent être interprétés comme représentant les phases de la lune.

Les peintures qui ornent les parois de plus de deux cents grottes en Europe représentent un legs particulièrement impressionnant de ces hommes de l'ère glaciaire. Vibrantes et réalistes, la plupart reproduisent des animaux prédateurs, tels que lions et ours, et leurs proies — mammouths, chevaux, bisons et cerfs. Outre leur qualité esthétique, ces peintures avaient peut-être une signification magique. Certaines sont dissimulées au fond de tortueuses galeries d'accès difficile. Il semble évident que ces images n'ont pas été créées pour être admirées comme œuvres d'art. Peut-être visaient-elles à conférer aux chasseurs un pouvoir sur leurs proies. Si c'est le cas, il paraît curieux que le renne, si essentiel, soit moins souvent figuré que d'autres animaux.

Les représentations naturalistes de l'homme sont peu nombreuses tant parmi les peintures rupestres que parmi les autres artefacts de la même époque. Peut-être les gens de l'ère glaciaire croyaient-ils, comme de nombreux primitifs, que le portrait d'un homme s'empare en quelque façon de l'âme de son modèle. Nombre des figurations humaines consistent en figurines féminines aux organes sexuels outrés ; on trouve aussi de mystérieux et schématiques personnages à face de bête. Un autre type d'image est particulièrement émouvant : les parois de certaines grottes portent des dessins de mains obtenus en pressant la main contre la pierre et en projetant du pigment autour, avec la bouche, sans doute, ou une tige de roseau. Ces empreintes avaient peut-être une valeur rituelle car plusieurs d'entre elles présentent des doigts partiellement ou complètement amputés. Mais elles donnent surtout le sentiment d'une présence individuelle, comme si les artistes de l'ère glaciaire nous disaient : « J'existe. »

Pour dure qu'elle fût, ces hommes ne menaient pas une vie de brute, mais elle était certainement brève ! La mortalité infantile était élevée et les hommes

Les chasseurs préhistoriques mettaient à profit les dunes en fer à cheval rencontrées dans la prairie, telles que celle-ci près de Casper, dans le Wyoming. Ils rabattaient les bisons dans cette enceinte abrupte et les massacraient.

Au site d'abattage de Casper, Wyoming, un squelette de bison émerge du sable qui l'a protégé durant 10 000 ans. Les ossements disséminés sur place (des côtes, au premier plan, une patte antérieure, à droite) montrent que les chasseurs ont immédiatement dépecé les animaux.

qui arrivaient à l'âge adulte avaient peu de chances d'atteindre la quarantaine, tandis que la plupart des femmes mouraient sans doute entre 20 et 30 ans. Les peintures rupestres, les figurines et les outils, bien plus travaillés que la simple utilité ne le requérait, indiquent que les exigences de la survie laissaient à ces hommes du loisir. Les plantes comestibles venaient en abondance à la belle saison et le gibier ne manquait guère tout au long de l'année. Si ces peintures n'évoquent pas un âge d'or, elles semblent du moins parler d'une époque où l'homme vivait en paix et en harmonie avec la nature.

Mais bientôt le pendule du climat allait ramener les conditions plus douces qui allaient régner pendant ce que nous appelons l'époque moderne. Le genre de vie de ces hommes du Paléolithique supérieur allait définitivement changer. Ils allaient apprendre à travailler les métaux, à labourer le sol, à édifier des cités et des nations. Et un grand nombre des puissants animaux qui avaient nourri et inspiré ces hommes allaient disparaître de la planète.

LA RENAISSANCE D'UN SOL RAVAGÉ

Sur les terrains désolés et détrempés abandonnés par les glaciers à Glacier Bay, Alaska, se rejoue un drame immémorial. Les nombreuses étapes du retrait glaciaire qui coexistent ici montrent clairement comment la végétation reconquiert un terrain stérile grâce à une série d'associations végétales, chacune dominée par une espèce qui prépare le milieu pour les suivantes. Ce processus paraît ressembler à celui, plus lent, par lequel le sol a été réhabilité en Europe et en Amérique du Nord après le retrait des inlandsis qui s'est produit il y a entre 8 000 et 12 000 ans.

Depuis 1750 environ, les glaciers qui recouvraient jadis la région de Glacier Bay sont en recul, découvrant jusqu'à 600 mètres de terre par an. Pendant une dizaine d'années après le départ de la glace, seules des mousses et des pousses rabougries s'enracinent dans les cailloutis. Mais au bout d'environ 15 ans, une fois lessivés les éléments alcalins du sol, le progrès s'accélère.

Pendant les décennies suivantes, le sol nourrit des buissons et des bouquets d'arbres. Au bout de 75 ou 90 ans, il est assez fertile pour entretenir une forêt de conifères qui peut durer 1 000 ans. Dans les bas-fonds peuvent s'accumuler des sphaignes qui étouffent les conifères et se constituer un dédale de marais et de flaques bourbeuses dans lesquels un jour s'implantera une nouvelle forêt.

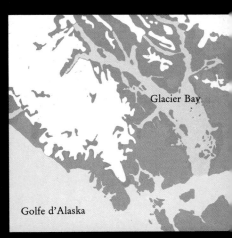

Glacier Bay

Golfe d'Alaska

Les débris laissés par un glacier récemment retiré jonchent ce paysage de Glacier Bay en Alaska. Les glaciers (représentés en blanc sur la carte) ont reculé par endroits d'environ 100 kilomètres

ur le rivage de Glacier Bay, Alaska, la mousse et l'érechtite s'accrochent au roc érodé par les glaciers qui se ... t retirés depuis 40 ou 45 ans. La fragilité ...

laquelle leurs graines ou spores sont entraînées par le vent et leur rusticité permettent à ces plantes de jouer un rôle de pionniers.

Des pousses d'aulne lèvent derrière un rocher
déposé il y a quelque 25 ans par un glacier en recul.
Si le sol le permet, dans une dizaine d'années,
le paysage sera envahi par d'épais bouquets
d'aulnes qui auront éliminé tous les autres arbustes.

Des coussinets circulaires de Dryas parsèment
cette pente, que la glace a quittée depuis une
vingtaine d'années. Les bactéries qui vivent dans
les racines transforment l'azote de l'air en
fertilisants qui permettront au sol de nourrir des
plantes plus importantes, telles que les jeunes
peupliers que l'on aperçoit ici.

is quarts de siècle après le départ de la glace, des peupliers et de jeunes épicéas spruce encadrent un paysage détritique. Incapables de croître avant que les

la glace, une forêt pleinement développée d'épicéas spruce recouvre les montagnes du sud de Glacier Bay. Le succès de cette forêt garantit sa transformation ultérieure: les jeunes arbres ne peuvent survivre à l'ombre des adultes.

Les vestiges moussus d'un bouquet d'aulnes tués par l'ombre pourrissent sur le sol d'une forêt d'épicéas spruce. Dans l'humus enrichi par les plantes mortes, vont croître des sapins du Canada qui remplaceront les spruce au bout de 600 ans.

les bords fangeux de cette mare, la forêt dépérit, les racines des arbres étouffées par les mousses gorgées d'eau. Ce dépérissement est très étendu 1 000 ou

1500 ans après la première végétation postglaciaire. Si la mare se comble assez, il s'y implantera une forêt marécageuse.

LE MYSTÈRE DE LA MÉGAFAUNE

En 1846, le printemps s'abattit sur la Sibérie avec une soudaineté stupéfiante et dévastatrice. En mai de cette année-là, selon un jeune homme dont les annales n'ont retenu que le nom de Benkendorf, un vapeur, transportant une mission de géomètres envoyée par le gouvernement russe et dont il faisait partie, pénétra dans l'estuaire du fleuve Indigirka, en mer de Sibérie orientale. Ils avaient rendez-vous dans l'intérieur avec un groupe de guides indigènes mais la fonte des neiges et les pluies torrentielles avaient provoqué une crue violente. Le fleuve ravageait ses rives et charriait de gros blocs de glace et de sol gelé. Les températures anormalement élevées avaient fait surgir sur toute la région côtière nord des torrents d'eau de fonte et avaient amolli la surface du pergélisol sur des milliers de kilomètres carrés, transformant la toundra en un dangereux bourbier et interdisant de se déplacer par voie de terre. Aucun travail géodésique ne pourrait être entrepris dans ces conditions mais les géomètres décidèrent de pousser vers l'amont dans leur petit bateau. Une lettre de Benkendorf à un ami allemand nous relate ce voyage et l'extraordinaire découverte à laquelle il a abouti.

« Au premier jour favorable, nous remontâmes le cours de l'Indigirka, écrit Benkendorf, mais sans apercevoir la terre. Le paysage était inondé à perte de vue ; nous n'avions autour de nous qu'une mer d'eau bourbeuse et seule la force du courant signalait le fleuve. Il charriait une masse de débris — arbres déracinés, vastes amas d'herbes — rendant la navigation malaisée. »

Au bout de huit jours de lutte contre le courant, les géomètres atteignirent le point où ils devaient retrouver leurs guides. Ceux-ci, bien évidemment, ne parurent point. « Nous étions déjà venus là d'autres années », note Benkendorf, « et nous connaissions l'endroit. Mais comme il avait changé ! L'Indigirka, large d'environ trois kilomètres, avait défoncé le sol pour s'ouvrir un nouveau lit. Quand la crue diminua, nous vîmes, à notre surprise, que l'ancien lit n'était plus qu'un bras d'eau insignifiant. Nous partîmes reconnaître vers l'amont ce nouveau fleuve orienté à l'ouest. Nous prîmes pied sur la nouvelle rive et examinâmes le travail de sape de ces eaux violentes qui entraînent à toute vitesse des masses de tourbe et de terreau.

« Le flot arrachait le gazon de la rive comme de la paille, aussi était-il risqué de s'approcher du bord. Dans un répit de la conversation, nous entendîmes sous nos pieds un soudain gargouillement et un mouvement de l'eau au-dessous de la rive. L'un de nous poussa un cri et désigna une singulière masse informe qui se soulevait et retombait au milieu d'un tourbillon. Je l'avais remarquée mais n'y avais point prêté une attention particulière, prenant cela simplement pour du bois flotté. Nous nous précipitâmes vers la rive, nous

Peu différents de leurs ancêtres du Pléistocène ces deux bœufs musqués ont pris leur posture de défense, efficace tant contre les prédateurs que contre le vent arctique. Le bœuf musqué est l'un des rares grands mammifères de la période glaciaire à avoir survécu aux extinctions massives qui ont suivi la dernière invasion des glaces.

fîmes approcher notre bateau et attendîmes que la mystérieuse chose reparût.

« Elle se fit attendre ; mais finalement une horrible masse énorme et noire émergea de l'eau. Nous contemplions une colossale tête d'éléphant, armée de puissantes défenses et agitant étrangement sa longue trompe dans l'eau comme pour chercher un objet perdu. Le souffle coupé, je regardais, à quatre mètres de moi à peine, ce monstre dont les yeux entrouverts laissaient apercevoir le blanc. "Un mammouth ! Un mammouth", cria quelqu'un. »

S'étant munis de chaînes et de cordes, les géomètres surexcités s'efforcèrent d'amarrer la carcasse du mammouth avant que la force du courant ne l'entraîne et, après bien des tentatives, ils parvinrent à lui passer un filin autour du cou. Benkendorf comprit alors que l'arrière-train de la bête restait pris dans le sol gelé de la rive et il fut décidé de laisser le fleuve finir de la dégager avant d'essayer de la haler à terre. Il fallut attendre encore un jour et entretemps les guides arrivèrent à cheval. Hommes et chevaux unirent leurs forces et le mammouth se retrouva sur la terre ferme. Benkendorf put alors enfin examiner l'animal tout à loisir.

« Représentez-vous un éléphant recouvert d'une épaisse fourrure, écrit-il, d'environ quatre mètres de haut sur quatre mètres cinquante de long, avec des défenses de deux mètres cinquante, très épaisses et les extrémités recourbées vers l'extérieur. Une trompe trapue, longue de deux mètres, des pattes colossales de 50 centimètres d'épaisseur et une queue glabre sauf au bout qui portait un toupet de poils drus. La bête était grasse et bien constituée. La mort l'avait frappée en possession de tous ses moyens. Ses amples oreilles, nues et parcheminées, étaient tournées vers le haut. Des poils raides, qui atteignaient une trentaine de centimètres de longueur, recouvraient son dos et ses épaules comme une crinière. Les longs poils extérieurs étaient brun foncé et rudes. Le sommet du crâne était si pétri de boue qu'il avait la rugosité de l'écorce d'un vieux chêne. Ses flancs étaient plus propres et, sous les poils superficiels, on voyait partout une laine très douce, chaude et épaisse, d'un brun fauve. Le géant était bien protégé contre le froid. »

Sitôt libéré de sa tombe glacée, le mammouth avait commencé à se décomposer. Benkendorf et ses compagnons essayèrent d'en sauver le plus possible. « Nous commençâmes par trancher les défenses et les expédiâmes à bord, raconte-t-il. Puis les indigènes entreprirent de détacher la tête mais cela n'allait pas vite. Quand on ouvrit le ventre du monstre, les boyaux débondèrent et la puanteur fut si effroyable que je ne pus contenir mes nausées et dus me détourner. Je fis quand même mettre de côté l'estomac. Il était bien rempli et le contenu, bien conservé, se révéla instructif. Il consistait surtout en jeunes pousses de sapins et de pins. Une quantité de jeunes pommes de sapins, également mâchées, étaient mélangées au reste. »

Dans leur excitation, ces hommes avaient oublié le fleuve et personne n'avait remarqué que le sol s'effondrait lentement sous leurs pieds. Ce fut un cri d'alarme lancé par un guide yakoute qui détourna Benkendorf du mammouth : « Terrifié, je me redressai et vis combien le travail de sape de l'eau creusait la rive et mettait en danger imminent et nos Yakoutes et notre trouvaille. Heureusement, le bateau se trouvait à proximité. Les indigènes furent sauvés de justesse ; mais la carcasse de mammouth fut balayée par le flot rapide, où elle disparut pour ne jamais reparaître à nos yeux. »

La sensationnelle découverte du géomètre russe Benkendorf l'avait mis en face de l'un des plus grands mystères de l'ère glaciaire : qu'est-ce qui a pu causer sur la terre entière la soudaine extinction des mammifères géants qui

peuplaient la planète jusqu'à il y a quelques millénaires à peine ? Un inventaire systématique des espèces passées et présentes a conduit l'éminent zoologiste Alfred Russel Wallace à énoncer la conclusion suivante : « Nous habitons un monde zoologiquement appauvri d'où ont récemment disparu toutes les formes les plus colossales, les plus féroces et les plus étranges. C'est assurément un fait singulier, et dont on s'est trop peu préoccupé, que cette soudaine extinction de tant de grands mammifères, non en un seul lieu mais sur la moitié des terres émergées du globe. »

L'hécatombe est particulièrement manifeste en Sibérie où, selon un géologue du XIXᵉ siècle, « on raconte que l'on trouve parfois des ossements d'éléphants formant des monticules sur les côtes des mers glaciales, d'Arkhangelsk au détroit de Béring, ou agglutinés avec de la boue pour constituer des îles entières dans l'embouchure de la Léna (fleuve situé à l'ouest de l'Indigirka) ou enchâssés dans des icebergs d'où le soleil du bref été les dégage en nombre suffisant pour alimenter un important commerce ». Il y a plus de 2000 ans, des marchands chinois achetaient de l'ivoire de mammouths sibériens pour en faire des bols, des peignes, des manches de couteau et des ornements. Au travers de leurs récits, les indigènes, qui avaient une crainte superstitieuse des monstres émergeant chaque été de leurs cercueils de glace, donnèrent aux Chinois la conviction que ces gigantesques animaux vivaient sous la terre. Un ouvrage attribué à l'empereur chinois du XVIIᵉ siècle K'ang-hsi décrivait le mammouth comme « le rat souterrain du nord » qui

Cette gravure du XVIIIᵉ siècle, montre comment, à partir d'ossements de mammouth découverts en Allemagne, une reconstitution erronée de la légendaire licorne a été établie. Ce genre d'attributions n'était pas universellement accepté. A la fin du siècle précédent, un traité érudit, dont la page de titre est reproduite ci-dessus, avait dénoncé les prétendus fossiles de licorne comme de simples concrétions minérales ressemblant par le plus grand des hasards à des os.

fouit le sol avec ses dents énormes et «meurt sitôt qu'il arrive à l'air libre ou est touché par les rayons du soleil».

On a trouvé des ossements et des dents de mammouths fossiles en d'autres régions, où les températures plus clémentes empêchaient la conservation des tissus. Pendant des siècles, on a vu dans ces vestiges énigmatiques la preuve de l'existence des géants légendaires. Aux alentours de l'an 1400, un chroniqueur anglais rapportait la découverte sur la côte de l'Essex de «deux dents d'un géant d'une telle énormité qu'on aurait pu y tailler 200 dents comme les hommes d'aujourd'hui en ont». Et en 1443, à Vienne, on déterra un «fémur de géant». Même après qu'on eut découvert en Belgique à la fin du XVIIe siècle deux squelettes de mammouths presque complets, la croyance dans les géants préhistoriques persista et se répandit dans le Nouveau Monde. Lorsqu'en 1706 on exhuma d'une tourbière proche d'Albany (New York) une dent fossile de mastodonte, parent éloigné du mammouth, le gouverneur du Massachusetts, Joseph Dudley, décrivit la trouvaille dans une lettre à Cotton Mather, le théologien bostonien, comme la dent d'un géant tué au cours du déluge biblique. «Il chemina, sans aucun doute, tant qu'il put garder la tête hors de l'eau mais dut subir finalement le sort de toutes les autres créatures, expliquait Dudley, et les sédiments déposés après le déluge expliquent la profondeur que nous observons à présent.»

Le mythe des géants antédiluviens ne fut vraiment conjuré qu'en 1806, quand le spécialiste allemand des fossiles d'éléphants Johann Friedrich Blumenbach intégra le mammouth dans une classification scientifique. De l'examen d'un grand nombre d'ossements de mammouths découverts en Europe, il conclut qu'ils constituaient une forme archaïque d'éléphants qu'il nomma *Elephas primigenius*. Il put ensuite étudier des dessins d'une carcasse bien conservée trouvée dans la Léna et rattacher les fossiles européens aux étranges créatures congelées de la toundra.

L'un des premiers à affronter quelques-unes des difficiles questions entourant la mort des grands animaux de l'ère glaciaire fut le révérend William Buckland, professeur de géologie et de minéralogie à l'université d'Oxford, qui examina un «ossuaire», c'est son expression, de vestiges préhistoriques dans la grotte de Kirkdale, dans le Yorkshire, en 1821. Outre les fossiles d'animaux propres aux climats tempéré et froid, cette grotte renfermait des dents et des os d'éléphants, de rhinocéros et d'hippopotames adaptés à un climat chaud. On sait aujourd'hui que ces animaux habitaient l'Europe du Nord lors du dernier interglaciaire, mais Buckland fut troublé, écrivait-il en 1824, de découvrir qu'une grotte du nord de l'Angleterre ait pu être la tombe d'espèces qui «à présent n'existent que sous les climats tropicaux et surtout au sud de l'équateur». Autre surprise, ces espèces tropicales n'avaient apparemment occupé le site que peu de temps après la faune des climats froids. Il écarta délibérément l'idée que des changements climatiques aient pu provoquer des vagues d'extinction successives. Après tout, avança-t-il, «il n'est pas essentiel aux données du problème que je le résolve».

En 1876, Alfred Wallace proposa l'une des premières et des plus plausibles théories pouvant expliciter ces disparitions. Les chercheurs avaient alors recueilli assez d'ossements et de fossiles pour lui permettre de dresser un long catalogue mortuaire des animaux disparus: «En Europe, le grand élan d'Irlande, le machérode (félin à dents en forme de sabre) et le lion des cavernes, le rhinocéros, l'hippopotame et l'éléphant; en Amérique du Nord, d'autres grands félins, des chevaux et des tapirs plus grands que ceux d'aujourd'hui, un lama de la taille d'un chameau, des mastodontes et des éléphants imposants et une foule de grands mégathéroïdes (paresseux terrestres) presque aussi développés. » L'élimination de tant d'espèces, écrivait Wallace, doit avoir résulté de quelque événement exceptionnel survenu presque simultanément dans de nombreuses parties du monde. Invoquant les indices de couverture glaciaire en Europe et en Amérique du Nord au moment même où ces mammifères étaient en voie de disparition, le zoologiste estimait que cette glace avait probablement «agi de diverses façons pour produire des altérations du niveau de l'océan ainsi que d'amples inondations locales qui, combinées avec le froid excessif, auront détruit la vie animale».

Le mystère semblait éclairci ; mais certains savants doutaient que des changements climatiques puissent expliquer d'aussi nombreuses disparitions. Et au siècle suivant, à mesure que la représentation de l'époque glaciaire se faisait plus précise, l'hypothèse climatique apparaissait de moins en moins satisfaisante. Si une soudaine plongée dans un climat froid pouvait certes justifier l'extinction des éléphants et des autres espèces tropicales que Buckland avait découvertes, elle ne pouvait rendre compte de la mort d'animaux biens adaptés aux conditions de vie aux époques glaciaires tels que le mammouth laineux ou le rhinocéros laineux.

Certains suggérèrent qu'il y avait eu deux vagues d'extinctions, les animaux de climat chaud disparaissant lors de l'avancée des glaces et les espèces adaptées au froid périssant quand les inlandsis se retiraient. Mais si tel était le cas, demanda-t-on, comment ces espèces condamnées auraient-elles survécu aux précédents stades glaciaires et interglaciaires ? Si elles avaient été incapables de surmonter les oscillations climatiques du chaud au froid puis à nouveau au chaud, l'étude des fossiles ferait apparaître des vagues d'extinctions d'ampleur à peu près égales pendant chaque période glaciaire. Or davantage d'espèces périrent en Afrique et en Amérique du Nord durant la dernière glaciation que pendant toutes les autres glaciations du Pléistocène cumulées. Et alors que les espèces disparues au cours de ces époques glaciaires précédentes avaient été remplacées par des espèces parentes, les niches écologiques vidées par la dernière vague d'extinctions sont restées telles quelles. En Amérique du Nord par exemple, les mammouths, les chevaux, les chameaux, les paresseux, les pécaris et les ours géants qui hantaient jadis les grandes plaines ont pratiquement disparu sans avoir été remplacés. Le cheval n'a reparu sur le continent américain que lorsque les colons espagnols l'y amenèrent sur leurs vaisseaux au XVIe siècle.

Autre élément du mystère, la curieuse sélectivité de ces extinctions. Elles affectent bien quelques petits animaux et oiseaux mais bien davantage les grandes espèces, celles dont le poids adulte dépasse 50 kilos. Et les descendants de cette mégafaune qui survécurent étaient plus menus que leurs ancêtres. Le bison d'Amérique du Nord, par exemple, est le plus petit de la longue lignée des bisons ; l'ours brun d'Eurasie n'atteint pas la moitié de la taille de ses ancêtres glaciaires.

Mais ce fut l'échelonnement de ces extinctions dans le temps qui jeta les doutes les plus graves sur l'hypothèse de Wallace. Même de son vivant, on savait qu'elles ne s'étaient pas toutes produites pendant la phase la plus froide de la dernière glaciation. Charles Darwin, lors de son expédition vers l'Amérique du Sud à bord du *Beagle* qui débuta en 1831, avait trouvé des fossiles de nombreuses espèces éteintes dans des sédiments déposés après la dernière glaciation. Ces trouvailles étaient révélatrices. En effet, la datation au

Les trésors fossiles de la toundra

La toundra, cette étendue dépourvue d'arbres qui couvre le nord de l'Europe, de l'Asie et de l'Amérique, fut habitée par de nombreux mammifères géants de la période glaciaire : mammouths, bisons, chevaux, bœufs musqués, chameaux, caribous et autres herbivores, ainsi que par les félins, loups et ours à face courte qui faisaient d'eux leurs proies.

Comme aujourd'hui, le sol de la toundra ne dégelait que pendant l'été, sur une profondeur allant de quelques centimètres à plus d'un mètre. Gorgé d'eau, il se couvrait alors d'herbes, de lichens, de fleurs, de mousses et de buissons, offrant pour quelques mois une riche pâture. Le reste de l'année, les herbivores se nourrissaient des feuilles, rameaux, pousses et mousses restés sous la neige.

Le grand froid préserva pendant des siècles les animaux morts régnant dans la toundra. Chaque été, le sol superficiel ramolli se détache des couches sous-jacentes gelées et glisse sur la moindre pente. Ce processus répété annuellement accumula des trésors de plantes et d'animaux fossiles dans les bas-fonds et les lits des rivières de l'Arctique.

Ce sont les chercheurs d'ivoire de Sibérie et d'Alaska qui, au XIXe siècle, mentionnèrent les premiers ces fossiles. Puis les paléontologues, à leur tour, découvrirent en chair et en os un bestiaire inimaginable. L'extraction hydraulique de l'or en Alaska mit ensuite au jour bien plus de fossiles que les scientifiques n'auraient pu en découvrir par leurs propres moyens ; pour la seule année 1938, le musée d'Histoire naturelle de New York reçut en dépôt plus de 8 000 spécimens. Le rythme des trouvailles déclina en même temps que l'extraction de l'or, mais l'essor industriel dont bénéficie le Grand Nord pourrait bientôt faire affluer à nouveau les fossiles des profondeurs de la toundra.

Dégelé pendant le bref été du Grand Nord, le sol mince et fragile de la toundra arctique glisse sur la pente. Pendant la période glaciaire, ce glissement a très souvent enseveli des cadavres d'animaux, ainsi conservés pendant des millénaires.

Cherchant de l'or en Alaska, des mineurs
décapent la toundra à l'eau sous pression.
Ils y trouvent souvent des ossements anciens.

Ce paléontologue examine la chair préservée
d'un bison qui vivait il y a plus de 30000 ans.
De tels spécimens permettent aux scientifiques
de vérifier leurs conjectures, fondées sur les seuls
ossements, de l'anatomie des espèces disparues.

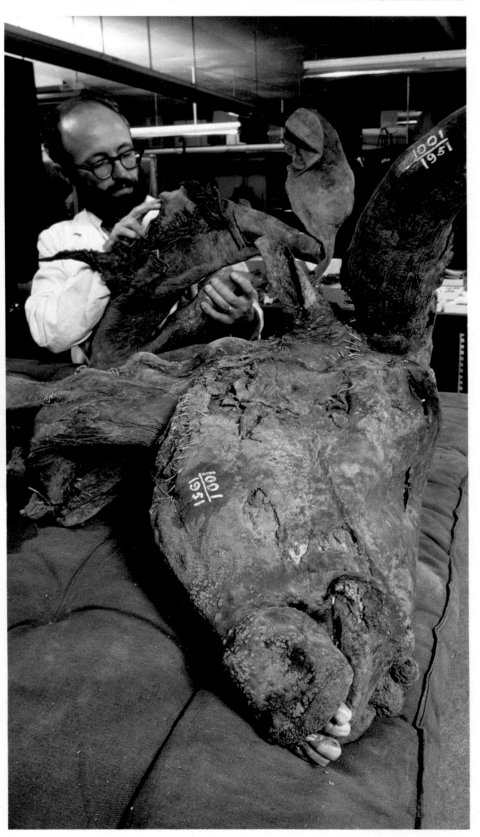

carbone radioactif devait confirmer par la suite que la principale vague d'extinctions ne coïncida pas avec la plus grande extension des inlandsis mais avec leur retrait. Le mystère s'approfondit donc.

Comme un roman policier paléolithique, l'énigme des disparitions de l'ère glaciaire est semée de cadavres et d'indices contradictoires. L'une des façons de découvrir le coupable d'une telle tuerie sans précédent consiste, comme il se doit, à reconstituer la scène du crime.

Une importante trouvaille de fossiles faite en 1901 favorisa cette entreprise. Cette année-là, l'éminent géologue de Los Angeles, W. Orcutt, fut appelé par des pétroliers travaillant à un forage pour examiner des ossements qu'ils avaient mis au jour. Le puits se trouvait à proximité d'un dépôt naturel de bitume d'où le goudron suintait depuis des siècles à travers des couches de sable, de limon et d'argile. Il y avait longtemps qu'on voyait apparaître de temps à autre des ossements qu'on supposait provenir des bêtes d'élevage enlisées dans le bitume. Mais le forage en exhuma une telle quantité que les pétroliers en furent intrigués. Orcutt les examina et reconnut bien vite les restes d'un loup proche de la hyène avec une grosse tête et des membres épais dit « féroce », un félin de la taille d'un lion avec de puissantes dents pareilles à des défenses et un paresseux terrestre géant — toutes créatures qui avaient habité le pays plus de 10 000 ans auparavant.

Ce tableau dû à Charles R. Knight explique pourquoi le puits de bitume de Rancho La Brea, en Californie, contient tellement de fossiles d'époque glaciaire. Les animaux, pris au piège, tentaient de s'arracher au bitume et attiraient des prédateurs qui s'enlisaient à leur tour.

Depuis lors, les puits de bitume de Rancho La Brea (acquis ensuite par Los Angeles et à présent entourés par la ville) ont fourni sous forme d'ossements un remarquable échantillon de la faune de l'ère glaciaire, soit quelque 200 espèces différentes. On a identifié les restes de plus de 1 000 machérodes et de 1 600 loups féroces. Ces bêtes s'étaient manifestement enlisées dans le bitume qui était probablement caché sous un étang. Des prédateurs âgés, malades ou affaiblis, trop lents pour attraper des proies agiles, devaient attendre auprès de ces fosses que des bêtes y soient prises et s'y engloutissaient aussi. Des sites semblables au Pérou et en Union soviétique ont également livré une abondance de fossiles.

L'année même où Orcutt faisait sa remarquable découverte, un préhistorien français se glissait dans l'étroit corridor d'entrée d'une grotte du midi de la France. Au bout de 200 mètres environ, l'abbé Henri Breuil découvrait une salle voûtée aux parois sculptées d'images de rennes, de lions, d'ours et − fait lourd de signification − de mammouths laineux. Jusqu'à cette découverte de la grotte des Combarelles, on pensait que le mammouth avait disparu bien avant qu'il y ait eu des hommes sur terre pour l'observer. Les rares figurations rupestres de mammouths relevées avant la découverte de l'abbé Breuil passaient pour des faux. Mais le prestige scientifique de l'abbé Breuil était tel que, lorsqu'il affirma la coexistence préhistorique de l'homme et du mammouth, il convainquit les sceptiques. Dans de nombreuses grottes d'Europe,

Des étudiants en paléontologie à la recherche de fossiles fouillent le mélange noirâtre et visqueux d'asphalte et de boue qui caractérise le site de Rancho La Brea, à Los Angeles. La fosse de La Brea, célèbre pour ses spectaculaires vestiges d'animaux, recèle également une masse de fossiles végétaux provenant de la prairie où vivaient ces espèces animales.

on se mit bientôt à étudier fiévreusement cet art rupestre étonnant de beauté et de précision qui montrait les animaux des temps glaciaires tels que des hommes les avaient vus 20 000 ans auparavant.

En plus des hommes, nombre d'animaux habitaient les cavernes et y dévoraient leurs proies, laissant derrière eux d'amples témoignages de leurs habitudes alimentaires. Au XIXᵉ siècle, la fouille d'une grotte dans le sud du Devon avait exhumé les ossements fossiles de quelque 20 000 hyènes. Vers 1940 le sous-sol de la même grotte révéla qu'elle avait été occupée pendant 200 000 ans par des générations successives de gloutons, d'ours, d'hippopotames, de rhinocéros laineux, d'élans et d'humains.

Parfois, aussi, on trouve dans des grottes des traces fort expressives de créatures préhistoriques : l'empreinte d'une patte de jaguar sur la paroi d'une grotte du Tennessee où le grand fauve semble avoir été pris au piège (ses ossements se trouvaient non loin) ou les profondes entailles laissées bien haut sur la roche par l'ours géant des cavernes qui s'y faisait les griffes. L'ours des cavernes à d'ailleurs fourni la grande majorité des fossiles découverts dans les grottes européennes. Bien que sa taille, double de celle de l'ours brun actuel, ait dû lui donner un aspect terrifiant, ce géant débonnaire était essentiellement herbivore. Tous ces indices ont permis d'établir un tableau remarquablement détaillé de la grande faune glaciaire et des conditions de sa disparition.

La glaciation du Pléistocène avait mis fin à l'âge d'or des mammifères, une période de plus de 60 millions d'années pendant laquelle le climat tout en se refroidissant était resté relativement stable. Au premier souffle glacé des inlandsis, la faune de climat chaud des latitudes moyennes reflua vers le sud. En Amérique du Nord, où les chaînes de montagnes sont orientées nord-sud, ces animaux rencontrèrent peu d'obstacles et les chameaux ou les mastodontes purent se rapprocher de l'équateur pour trouver un environnement favorable. Mais en Europe, ils durent affronter les Alpes et les Pyrénées qui leur coupaient toute retraite. Prises en tenaille par les glaces, contraintes à lutter pour une subsistance de plus en plus rare, les espèces de climat chaud telles que l'hippopotame et le lion périrent lentement.

Ce ne fut pas une extinction mais simplement une tragédie locale et temporaire. Périodiquement, les glaciers reculaient et le climat se réchauffait si bien que lors d'un interglaciaire situé vers −130 000 ans, des hippopotames et des rhinocéros se baignaient à nouveau dans la Tamise, des lions rôdaient autour de l'actuel Trafalgar Square et des éléphants à défenses droites paissaient dans les forêts. Ces oscillations climatiques furent un facteur puissant d'évolution pour tous les êtres vivants. Comme un corps volumineux garde mieux la chaleur, le retour du froid au Pléistocène encouragea la survie des plus gros. Il en résulta que lorsque survint la dernière glaciation, la terre était habitée par une faune plus variée et plus exotique que jamais auparavant ni depuis.

Parmi ces géants disparus, figurait un castor nord-américain aussi gros qu'un ours noir, un tatou sud-américain de deux mètres de long et un kangourou australien haut de trois. Le lion des cavernes, présent dans toute l'Europe, était d'un quart plus volumineux que son descendant moderne. En Amérique du Nord, bisons et chevaux partageaient les plaines de l'Ouest avec les mammouths, les lions, les jaguars, les tapirs, le redoutable félin des plaines et le très rapide ours à face courte. Un gros animal nommé glyptodonte déplaçait sa masse cuirassée de deux mètres de long dans les vallées de Floride et du Texas. Mais, dominant tout ce monde, le paresseux terrestre

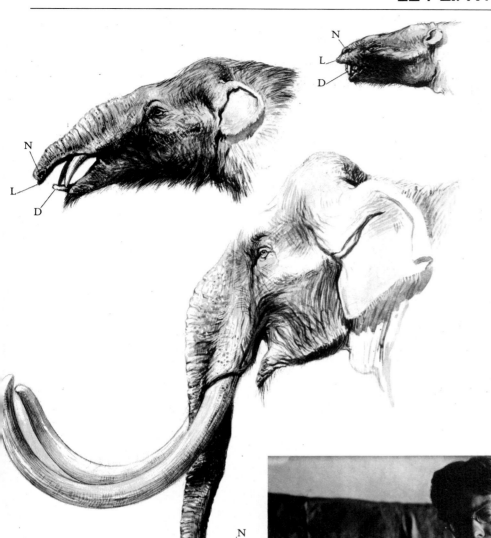

Jusqu'à la fin du XIXe siècle, dans les musées, la plupart des collections de fossiles n'étaient accessibles qu'aux universitaires. Les rares tentatives pour représenter les animaux disparus combinaient la conjecture ingénieuse et l'imagination pure et simple.

Cette situation fut bouleversée par un jeune artiste new-yorkais passionné d'animaux. Charles R. Knight commença sa carrière dans les années 1890 en peignant des animaux sur des fenêtres à vitres dépolies. Mais son intérêt croissant pour les espèces éteintes l'amena bientôt à collaborer avec certains des meilleurs paléontologues américains. Combinant les connaissances de ces savants avec ses propres observations des animaux vivants, Knight s'attacha à donner à ses créations vie et mouvement.

Dès les années 1900, sa réussite était telle que les musées du monde entier organisaient des expositions d'animaux disparus en s'inspirant de ses œuvres pour leurs reconstitutions. Pendant près d'un demi-siècle, Knight peignit et sculpta pour tous les musées américains, donnant au monde une vision de la faune glaciaire que nulle autre n'est encore venue aujourd'hui supplanter.

Sur ces dessins réalisés en 1907, Charles R. Knight suggère l'évolution possible du museau indifférencié de Moeritherium (*en haut, à droite*), l'un des plus anciens ancêtres de l'éléphant, en l'ensemble trompe et défenses d'Elephas. Les étapes de la transformation du nez (N), des lèvres (L) et des défenses (D) apparaissent clairement.

Sur cette photo de 1916, Knight travaille à un modelage de mammouth impérial destiné au musée d'Histoire naturelle de New York. Il commençait souvent par sculpter la musculature des animaux disparus avant de les peindre.

Knight a représenté des mammouths laineux
au Pléistocène, une espèce répandue dans tout
l'hémisphère Nord; le rhinocéros laineux,
que l'on voit à droite, vivait seulement en Eurasie.

Deux ours des cavernes inspectent leur territoire juchés sur une corniche. Ces imposants mais inoffensifs végétariens, qui hibernaient dans des grottes, entraient sans doute en concurrence avec l'homme pour l'occupation des abris naturels.

Vu par Knight, le Mégalocéros du Pléistocène ou élan d'Irlande est pourvu d'une robuste musculature, indispensable pour soutenir ses bois massifs, atteignant 3 mètres d'envergure.

En peignant en 1903 ce grand félin de l'époque glaciaire, le Smilodon, les muscles bandés et la mâchoire béante, Knight introduisit le réalisme et l'action dans la reconstitution paléontologique.

d'Amérique du Nord, pesant plusieurs tonnes, se dressait à six mètres de haut sur ses pieds de 90 centimètres de long et sur son énorme queue pour manger les feuilles des arbres. Au-dessus tournoyaient des vautours qui atteignaient trois mètres cinquante d'envergure.

Pendant les réchauffements interglaciaires, les tendances de l'évolution se renversaient parfois et une taille accrue devenait un handicap. Les animaux qui avaient colonisé des péninsules au plus fort de la glaciation et de la baisse du niveau marin se retrouvaient prisonniers sur une île quand les glaciers fondaient et que les mers remontaient. La compétition intensifiée pour la nourriture favorisa la survie des nains. Avec le temps et en l'absence de grands prédateurs, des races naines apparurent; des éléphants et des hippopotames miniatures peuplèrent des îles de la Méditerranée, de minuscules mammouths prospérèrent sur les îles Channel au large de la Californie du Sud et des paresseux terrestres nains aux Antilles.

Mais plus que toute autre espèce, le mammouth laineux est devenu le symbole de la faune glaciaire. Son épaisse toison noire et ses sept centimètres de lard lui permettaient de résister à des froids de −50° C. De plus ses oreilles et sa trompe si sensibles étaient moins développées que chez l'éléphant actuel et donc moins exposées au gel. En été, il se nourrissait d'herbe et de divers végétaux de surface; en hiver, il balayait la neige à l'aide de ses énormes défenses recourbées pour brouter l'herbe au-dessous. L'aire du mammouth laineux était vaste; il y a quelque 600000 ans, des troupeaux franchirent l'isthme de Béring et rejoignirent d'autres espèces de mammouths déjà répandues dans l'Amérique du Nord. Le plus grand, le mammouth impérial, haut de plus de quatre mètres à l'épaule et armé de défenses de plus de trois mètres, hantait le sud des Grandes Plaines.

La distribution des ossements fossiles révèle d'autres lointaines migrations animales durant les glaciations du Pléistocène. Compensant partiellement les habitats perdus sous la glace, la baisse du niveau marin créa à la fois de nouvelles terres à coloniser et des isthmes entre les continents. Lions et rhinocéros émigrèrent d'Inde et de Chine dans l'archipel prolongeant l'Asie vers le sud-ouest. Au début du Pléistocène, chevaux et chameaux passèrent en Asie par l'isthme de Béring. Au cours de divers stades glaciaires, le mammouth, l'orignal, le bœuf musqué, le bison, l'ours noir et les félins à canines en sabre s'introduisirent d'Asie en Amérique. Les interglaciaires, faisant remonter le niveau marin, interrompaient probablement ces migrations qui reprenaient avec le retour des glaces. Encore fallait-il que ces espèces soient adaptées au froid du passage par l'Arctique; les hippopotames, par exemple, n'eurent pas cette opportunité. D'autres animaux, comme le rhinocéros laineux, ne semblent pas avoir tenté le voyage.

Des échanges entre Amériques du Nord et du Sud ont enrichi la faune de l'une et de l'autre. Au nord, les chevaux, les félins, les tapirs, les lamas et les pécaris s'abattirent en foule sur l'Amérique du Sud, allant jusqu'à supplanter des espèces indigènes. Dans l'autre sens, porcs-épics et tatous remontèrent loin en Amérique du Nord; mais capybaras, glyptodontes et paresseux terrestres furent arrêtés par le froid.

Tel était donc le monde qui vit périr la grande faune de l'ère glaciaire. Après avoir subi des changements climatiques brutaux et une dernière forte glaciation, il s'en revenait plus ou moins aux conditions de climat et de végétation qui s'étaient révélées favorables au lion, au paresseux, au chameau et à d'innombrables autres espèces durant les précédents interglaciaires. Or,

phénomène sans précédent, la conclusion de la période froide fut marquée par une hécatombe inouïe parmi les êtres vivants.

La première vague d'extinctions frappa l'Afrique il y a quelque 60 000 ans, au moment où culminait la dernière grande avancée des glaces du Pléistocène. Au cours des 20 000 années suivantes, 40 p. cent des grands mammifères du continent disparurent, notamment le cochon et le babouin géants, un girafidé à cornes, le bison à longues cornes, le félin à dents en cimeterre et le cheval à trois doigts. Ce fut ensuite le tour de l'Eurasie. En Europe s'éteignirent environ 50 p. cent des grands mammifères, dont le mammouth, le rhinocéros laineux, l'ours des cavernes et le lion des cavernes. Cela prit également quelque 20 000 ans. En Amérique du Nord, cependant, ce fut une autre histoire : 70 p. cent des grands animaux — mastodontes, mammouths, chevaux, chameaux, paresseux, castors géants, pécaris, loups féroces et bien d'autres — périrent en un clin d'œil géologique, soit un millier d'années.

L'évolution des espèces jusqu'à leur disparition est un phénomène normal sur terre. Pour la flore comme pour la faune, la courbe de l'évolution tend vers un plateau de succès maximum avant le déclin progressif et l'abandon de la scène à de nouveaux acteurs. Mais en Amérique du Nord, la cadence des extinctions fut si précipitée — le déclin de certaines espèces qui avait pris deux mille générations en Afrique et en Europe n'en mit, là, que cent — que, pour bien des créatures, l'espérance de vie fut ramenée à 1/300e, estiment les savants, de ce qu'elle est normalement.

Le premier symposium scientifique important organisé par l'Académie des sciences des États-Unis sur le mystère de ces extinctions eut lieu en 1965 à Boulder dans le Colorado. On peut dire en simplifiant que les participants se rangèrent dans trois camps : l'un qui attribuait le phénomène aux changements climatiques, un autre qui en rendait responsable l'homme préhistorique et un troisième qui tenait pour une combinaison de ces deux causes.

Parmi les défenseurs de l'hypothèse climatique, figurait John Guilday, un paléontologiste du Carnegie Museum de Pittsburgh. Selon Guilday, la principale cause des extinctions résida dans le rétrécissement mondial des zones de savane et de parc, habitat naturel des grands troupeaux d'herbivores disparus, comme elles le sont actuellement en Afrique pour leurs survivants. Confinés sur des superficies d'herbages constamment réduites par les empiètements de la forêt et, dans le sud-ouest américain au moins, des déserts, les grands herbivores tels que chameaux, chevaux et paresseux avaient dû être soumis à une compétition si sévère que peu d'espèces survécurent. Par voie de conséquence, les grands carnivores — lions, machérodes et ours à face courte — périrent par manque de proies. Les petits mammifères, eux, réussirent à maintenir des populations viables car ils se contentaient de moins de nourriture et pouvaient la trouver dans les recoins et les interstices où la grande faune n'avait pas accès. La réduction des aires et des territoires encouragea le nanisme parmi les grands mammifères qui résistèrent à la crise.

De fait, cette crise semble avoir affecté davantage la faune des prairies que celle des forêts. En Europe, par exemple, tous les herbivores qui disparurent étaient des habitants des steppes et des toundras, notamment l'élan géant, qui n'aurait jamais pu manœuvrer ses gigantesques andouillers dans une forêt dense. Mais, outre le fait que ces mêmes herbivores et leurs prédateurs avaient survécu aux précédents interglaciaires, l'hypothèse climatique se heurte à certaines données. Tout d'abord, l'habitat d'un grand nombre d'espèces

Ce paléontologue en tenue de plongée inspecte un fémur de mammouth sur le fond de la rivière Aucilla, dans le nord de la Floride. Peu profond à l'époque où vivait la gigantesque bête, le cours d'eau vit son niveau monter en même temps que celui de la mer quand la glace fondit ; et les eaux protégèrent les fossiles immergés.

disparues s'accrut en réalité pendant la phase critique. C'est ce qu'avait souligné en 1946 F.C. Hibben, anthropologue de l'université du Nouveau-Mexique : « Chevaux, chameaux, paresseux et antilopes furent certes réduits à la portion congrue dans leurs habitats antérieurs. Mais qu'est-ce qui les empêchait de suivre le recul des glaces pour trouver exactement le type de végétation et de climat qu'ils désiraient ? Si l'hiver est trop froid à Newport, allez en Floride. Si Washington s'échauffe trop en été, remontez vers le Maine. » Le mammouth laineux fut l'une des espèces qui étendirent leur aire à mesure que les glaces se retiraient. En Amérique du Nord, la toundra qui ne couvrait qu'une bande de 150 à 200 kilomètres de large se déploya sur une grande partie du Canada et de l'Alaska.

Selon d'autres spécialistes, cependant, l'habitat dans lequel le mammouth disparut différait sur un point important de la toundra de l'ère glaciaire où il avait prospéré. Suivant le recul des glaciers, la zone de la toundra remonta loin au nord où la saison de végétation est brève. De plus, les précipitations devinrent bien plus fréquentes que sur la toundra steppique de l'ère glaciaire où l'enneigement était suffisamment léger pour permettre au mammouth laineux d'atteindre la végétation sous-jacente.

Curieusement, il se pourrait que les conditions dans lesquelles Benkendorf découvrit un mammouth dans l'Indigirka aient été semblables à celles dans lesquelles l'animal est mort. Le géomètre fut surpris de trouver la carcasse debout, comme si le sol sur lequel l'animal marchait « il y a des milliers d'années cédait sous le poids du géant et qu'il s'enfonçait debout sur ses quatre pattes ». La carcasse ayant été perdue, on en est réduit à conjecturer l'époque de sa mort ; mais on a trouvé en Sibérie des centaines d'autres mammouths dans la même position, ce qui laisse penser qu'ils périrent lors d'un brusque dégel qui fit fondre le pergélisol et transforma la toundra en une gigantesque fondrière. Une série de printemps chauds et humides peut avoir éliminé la plupart des mammouths sibériens au moment où leur transhumance printanière les emmenait vers le nord.

Mais des fluctuations locales du climat n'apportent pas d'explications satisfaisantes aux autres extinctions. Pour expliquer l'hécatombe, les participants du symposium de Boulder avancèrent quelques suggestions inédites. Parmi eux, l'anthropologue William Ellis Edwards envisagea la possibilité que, pendant la période où la faune de l'Eurasie et celle de l'Amérique avaient été séparées par les inlandsis américains, elles soient devenues tolérantes à des maladies parasitaires différentes ; remises en contact par le recul des glaces, la faune de chacun des continents aurait succombé aux maladies de l'autre. Cependant Edwards écarta cette hypothèse en faisant valoir que les maladies infectieuses déclinent en même temps que la population jusqu'à ce qu'il ne reste que des individus peu nombreux mais immunisés.

Edwards rejeta également l'éventualité que la grande faune ait pu succomber à la sénilité raciale, notion quelque peu abstraite fondée sur l'idée qu'une espèce vivant pendant longtemps dans des conditions optimales, dans lesquelles les lois de la sélection naturelle jouent peu, perd de sa capacité de réagir à de brusques transformations de son environnement. Cette hypothèse avait vu le jour en Europe, où les paléontologues avaient été frappés par le fait que la plupart des vestiges d'ours des cavernes recueillis provenaient d'individus très jeunes ou âgés affectés de rachitisme, d'inflammation osseuse et de goutte si graves que certains spécimens présentaient plusieurs os poussant ensemble en une structure contrefaite. On avait pu constater également

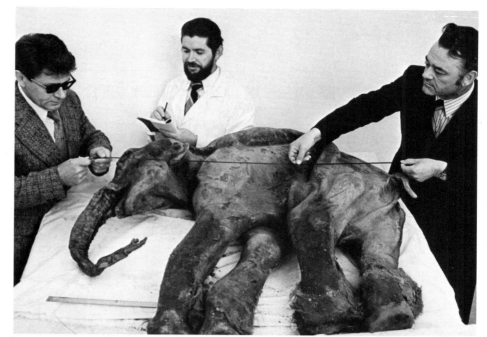

Des savants soviétiques examinent la carcasse d'un tout jeune mammouth laineux de 40 000 ans trouvé en 1977 dans le lit d'un ruisseau de Sibérie orientale. Les dessins ci-dessous retracent les événements ayant permis cette découverte.

Suivant sa mère dans la toundra, le jeune mammouth tombe dans un chenal creusé par l'eau de fonte dans le pergélisol. Il meurt de faim, gèle et ne tarde pas à être complètement enfoui sous des couches de glace et de sédiments.

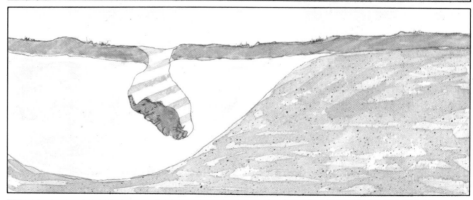

Pendant des milliers d'années, l'animal reste dissimulé dans le sol gelé, protégé non seulement par le froid intense mais également par une très forte concentration d'acide tannique provenant de la végétation environnante décomposée.

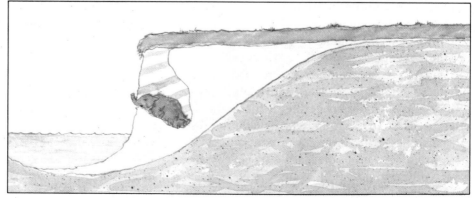

Finalement, une rivière creusant un nouveau lit à proximité de la tombe du mammouth décape le sol et dégage la carcasse. On repère alors celle-ci à l'odeur putride qui se dégage de la chair dont le dégel provoque la décomposition rapide.

De fragiles survivants aux rigueurs glaciaires

En s'étendant à travers le Grand Nord, les inlandsis du Pléistocène bannissaient toute vie des terres qu'ils recouvraient. Mais ici et là, hasardeuses parcelles de vie et de couleur, de frêles papillons parcouraient le désert glacé. Envolés des rares havres épargnés par les glaces sur les pics émergeant des glaciers ou sur des falaises abritées, leurs larves se nourrissant de la maigre végétation qui partageait leur refuge, ils survécurent à la dernière glaciation.

Aujourd'hui ces insectes et ces plantes sont qualifiés de relictuels par les scientifiques : il s'agit de petites associations d'espèces qui diffèrent nettement de celles qui les entourent et qui se sont établies beaucoup plus récemment. Il s'agit souvent des représentants isolés d'une population importante dont les ancêtres ont fui devant l'avancée des glaces pour s'établir plus au sud vers des contrées bénéficiant d'un climat moins rigoureux et nettement plus hospitalier.

Alors que des animaux parfaitement protégés par leur fourrure fuyaient la glaciation ou mouraient, un papillon trouvait asile dans le Grand Nord. On le rencontre encore, près du cercle polaire, en Scandinavie (*en rouge sur la carte*).

que la plupart de ces défauts s'étaient transmis par consanguinité. L'ours des cavernes parut constituer une espèce à bout de souffle ; mais le paléontologue Björn Kurtén fit observer justement que les vestiges découverts dans les cavernes devaient nécessairement contenir un nombre anormalement élevé de spécimens jeunes, vieux ou malades car les individus sains et dans la force de l'âge mouraient en plein air et pour des causes externes. Quant aux indices de consanguinité, Kurtén les interpréta essentiellement comme le résultat et non la cause d'un déclin de la population.

L'examen de toutes les hypothèses conduisit bon nombre des participants à la conférence de Boulder, y compris Edwards, à se rallier à l'idée que le véritable agent des extinctions, le seul facteur spécifique de la dernière période glaciaire et de l'hécatombe sans précédent qui suivit était la présence du genre humain. Cette conclusion, Alfred Wallace l'avait adoptée dès avant sa mort en 1913, après un revirement spectaculaire qui fit date. L'idée pourtant, répugnait toujours à beaucoup, en partie du fait de l'absence de preuve décisive et en partie par attachement romantique à la représentation du chasseur paléolithique en bon sauvage. Le spécialiste des vertébrés Wolfgang Soergel y avait contribué lorsqu'il avait écrit en 1912 : «Une chasse qui aboutit à l'extermination d'une espèce n'a jamais la faim pour motif mais bien le gain, l'appât du gain. Le sauvage n'en a pas idée; il chasse uniquement pour manger et ne peut donc décimer gravement le gros gibier. »

Paul Martin, professeur de sciences de la Terre à l'université de l'Arizona et l'un des organisateurs de la conférence de Boulder, se refusait lui aussi à accuser l'homme. « L'idée que des chasseurs préhistoriques d'il y a 10 000 ou 15 000 ans (et en Afrique, plus de 40 000) aient exterminé des animaux bien plus gros que ne l'a fait l'homme moderne avec son armement et ses techniques perfectionnés, écrivait-il, est assurément provocante et peut-être même profondément dérangeante. » Martin n'en reconnaissait pas moins que les indices circonstanciels reliant les extinctions d'espèces à l'arrivée de l'homme étaient solides. Même à l'époque historique, l'apparition d'un peuple primitif s'est accompagnée de la disparition de certaines espèces animales. En Nouvelle-Zélande, par exemple, 27 espèces d'oiseaux coureurs, dont un moa géant qui mesurait près de trois mètres de haut, s'éteignirent peu après l'arrivée des hommes au IXe siècle de notre ère.

En dépit de l'armement primitif de ces premiers chasseurs — coutelas, haches et épieux de pierre — et des énormes populations d'animaux imposants et vigoureux qui furent exterminées, les indices qui poussent à incriminer le bon sauvage sont plus que circonstanciels. Vers la fin de la période glaciaire, les hommes avaient à coup sûr élaboré des techniques de massacre en masse qui excédaient largement leurs besoins alimentaires. En plusieurs sites répartis dans le monde entier, les paléontologues ont pu reconstituer la façon dont les chasseurs provoquaient des paniques parmi des troupeaux de gros animaux pour les amener à se précipiter dans des gorges par exemple ; ils dépeçaient les bêtes qui se trouvaient sur le dessus, laissant les autres sur place, intouchées. Des vestiges découverts en Russie indiquent qu'en une seule chasse près de 1 000 bisons furent tués avec au moins 270 épieux à pointe de silex et 35 à pointe d'os. Une autre technique de chasse en masse consistait probablement à allumer des feux pour rabattre les proies affolées sur des chasseurs postés à l'affût.

Tous les animaux, des féroces carnivores aux herbivores inoffensifs, ont aujourd'hui une telle crainte de l'homme qu'il est difficile d'imaginer un passé relativement récent où les chasseurs humains ne leur inspiraient pas une terreur instinctive. Si, pourtant, l'Amérique du Nord n'a été peuplée qu'il y a quelque 20 000 ans, sa faune a dû être particulièrement vulnérable au prédateur nouveau venu. Charles Darwin trouva une situation comparable dans les années 1830 aux îles Galapagos où l'on pouvait approcher un renard à portée de couteau et tuer des oiseaux avec un chapeau ou une canne. « On peut en inférer, écrivait-il, les ravages que doit causer l'introduction d'un nouvel animal de proie avant que l'instinct de la faune indigène se soit adapté à la force ou à la ruse de l'étranger. »

Le nanisme peut aussi être une conséquence indirecte de la prédation humaine. La chasse dans les réserves de gibier aboutit invariablement à une diminution moyenne de taille chez les espèces visées. Les spécimens anormalement petits, ou nains, qui naissent voient leurs chances de survie accrues car les pressions exercées sur la population favorisent les individus capables de devenir adultes rapidement et de se reproduire. Face à un léopard, la taille et la force d'une antilope peut décider de son salut ou de sa perte ; face à un chasseur disposant de projectiles, la taille est un handicap.

Les chasseurs de l'âge de la pierre ont peut-être aussi sans le vouloir provoqué la disparition de certaines espèces en intervenant activement pour préserver leur principale proie. Selon Grover Krantz, anthropologue américain de l'université de l'État de Washington, les anciens chasseurs de bisons ont pu, en évitant de tuer les femelles et les jeunes, contribuer à l'accroissement de la population de bisons et à l'élimination des chevaux, antilopes, chameaux et autres espèces en concurrence pour les mêmes ressources. Cette forme de sélection expliquerait également pourquoi beaucoup de peuples chasseurs des temps historiques n'ont pas exterminé leur proie. En Europe, les chasseurs de rennes ont probablement assuré de la même façon la survie du renne aux dépens du mammouth, du rhinocéros laineux et du bison des steppes qui partageaient le même habitat. De la chasse sélective, il ne dut y avoir qu'un pas à la gestion du cheptel de rennes et à la semi-domestication pratiquée aujourd'hui par les Lapons de Scandinavie, forme d'exploitation qui participe de la chasse, car il y a toujours poursuite, et de l'élevage, car il y a garde des troupeaux au titre de ressources privées.

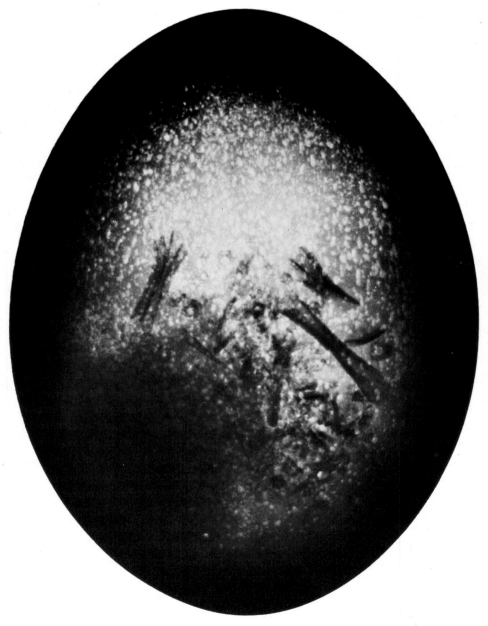

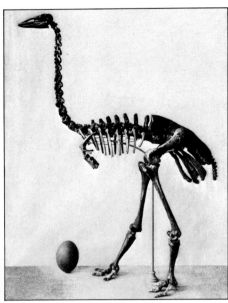

Des fossiles tels que cet œuf gros comme une pastèque (photographié aux rayons X pour faire apparaître son embryon) et le squelette ci-dessus sont tout ce qui reste de l'Aepyornis de Madagascar, haut de 3 mètres. Cet oiseau incapable de voler habita l'île pendant des millions d'années avant de disparaître à la suite de l'arrivée des hommes, il y a moins de 1000 ans.

Si les chasseurs paléolithiques ont, volontairement ou non, provoqué l'extermination des grands mammifères de l'ère glaciaire, cela signifie que la plupart des niches écologiques de l'Amérique du Nord sauvage sont artificiellement vides ; en Arizona, par exemple, on devrait trouver des chameaux, des éléphants et des tapirs. Selon Paul Martin, la disparition des espèces indigènes a pu être néfaste à l'écosystème et exposer les régions sauvages au feu, aux invasions d'insectes, à la prolifération des broussailles et à l'érosion ; on pourrait, d'après lui, restaurer l'équilibre écologique en remplaçant la faune originelle par des animaux d'Afrique ou d'Asie.

En droit écossais, on peut prononcer un verdict « non prouvé » lorsque les preuves sont insuffisantes pour déclarer un prévenu « coupable » ou « non coupable ». L'accusation portée contre l'homme d'avoir détruit les grands mammifères de l'ère glaciaire n'a jamais été prouvée. Dans les années qui ont suivi la conférence de Boulder, le pendule du consensus scientifique a paru revenir vers l'explication climatique des extinctions, les transformations du milieu qui ont accompagné le réchauffement postglaciaire ayant altéré les relations entre espèces de diverses manières dont le résultat cumulé aurait été l'anéantissement de la grande faune.

En 1982, lors des assises de la Société américaine d'archéologie tenues à l'université du Minnesota, Paul Martin et le spécialiste des vertébrés Russell Graham débattirent à nouveau des causes des extinctions. Se fondant sur tout un ensemble de recherches récentes, Graham soutint que les changements climatiques avaient déstabilisé l'équilibre de l'évolution entre les espèces. « C'est comme un jeu de cartes, affirma-t-il ; une fois battues, elles se retrouvent dans un ordre nouveau » et certains animaux sont placés dans des situations de compétition inédites. Les hommes ont pu provoquer la disparition d'un petit nombre d'espèces, déclara Graham, mais n'ont pu tuer un nombre aussi colossal d'animaux. Avant la clôture, Martin demanda aux centaines de préhistoriens et de paléontologues présents qui, parmi eux, souscrivait à la thèse de la pleine responsabilité de l'homme dans l'extinction des grands mammifères. Une seule main se leva. C'est donc une majorité écrasante qui se rallia à l'idée d'une causalité multiple.

Au terme de tant d'années de recherches, de découvertes et de débats pour savoir comment et pourquoi le monde s'était trouvé, selon le mot d'Alfred Russel Wallace, « zoologiquement appauvri », il semble que l'éminent géologue britannique Sir Charles Lyell approchait de très près la vérité quand il écrivait en 1863 : « Il est probable que des causes plus générales et plus puissantes que l'action de l'homme — modifications du climat, variations de l'aire de nombreuses espèces animales, vertébrées et invertébrées, et végétales, changements dans l'altitude, la profondeur et l'extension des terres et des mers, ou tout cela combiné — ont abouti, en une longue suite d'années, à l'annihilation de nombreux grands mammifères. »

LES VESTIGES D'UNE ÉPOQUE DE GÉANTS

Les fossiles de grands mammifères de la période glaciaire donnent un aperçu impressionnant de la taille des animaux vivants au Pléistocène. Des squelettes tels que ceux présentés à la Smithsonian Institution de Washington (*ci-contre et pages suivantes*) évoquent un monde rempli de créatures massives, sans équivalent aujourd'hui.

La puissance manifeste de ces animaux ne rend que plus opaque le mystère de leur soudaine disparition à la fin de la dernière glaciation, il y a quelque 10 000 ans. Certains indices suggèrent cependant que leur grande taille gêna l'adaptation de bien des espèces aux changements climatiques.

On pense notamment que le Mégalocéros (*pages 78-79*) a été une victime de l'adoucissement du climat. Le recul des inlandsis et le relèvement des températures remplacèrent alors les prairies, qui formaient son habitat, par des forêts, tout à fait inhospitalières pour un animal portant des bois aussi larges.

Les mammouths laineux, que rien n'empêchait apparemment de suivre la toundra dans sa remontée vers le nord, disparurent aussi. La présence de sagaies de silex parmi les ossements de mammouths suggère qu'un nouveau et dangereux prédateur a pu modifier l'équilibre naturel à leur détriment.

La science n'expliquera sans doute jamais l'extinction de certaines espèces, mais il reste un fait massif et clair : plus de la moitié des mammifères du Pléistocène ont disparu de la terre.

Les crocs spectaculaires de ce félin à dents
en sabre, le Smilodon, attestent ses dons de tueur.
Mais ses os révèlent un chasseur lourd et lent
qui devait se contenter de proies massives mais
pataudes, comme le paresseux terrestre ou le tapir.

Le Mégalocéros, ou élan d'Irlande, répandu dans le
nord de l'Europe et de l'Asie, développait chaque
été des andouillers de 50 kilos — et ici de près de
3 mètres de large — qu'il perdait en hiver.
L'espèce était presque éteinte à la fin de la dernière
glaciation mais des colonies isolées survécurent en
en Europe centrale jusque vers 500 av. J.-C.

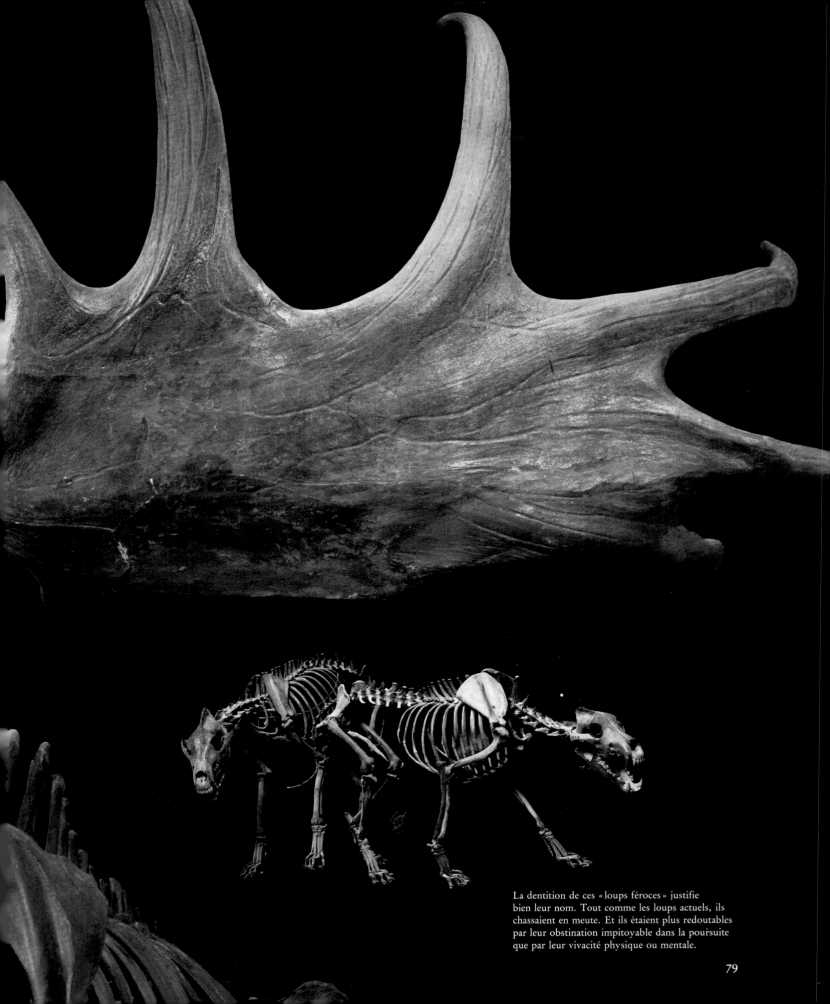

La dentition de ces «loups féroces» justifie bien leur nom. Tout comme les loups actuels, ils chassaient en meute. Et ils étaient plus redoutables par leur obstination impitoyable dans la poursuite que par leur vivacité physique ou mentale.

Les griffes crochues et la taille éléphantesque
du paresseux terrestre géant donnent à ce squelette
une allure féroce ; en fait cette créature répandue
dans les deux Amériques était un herbivore.

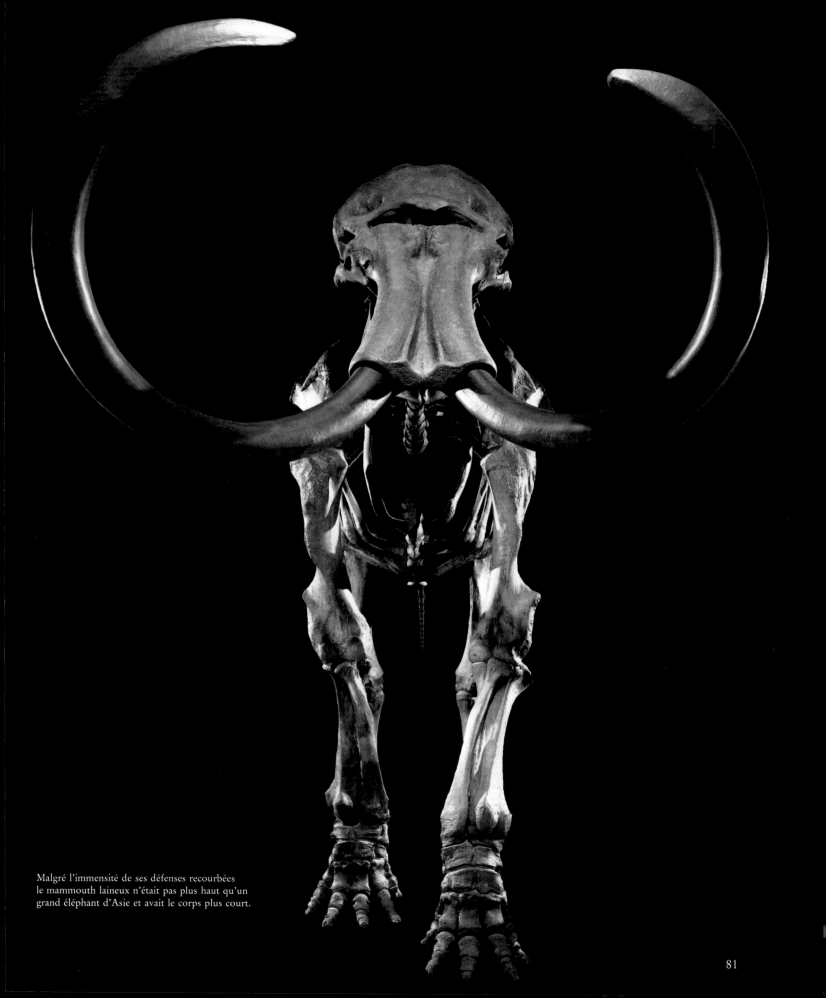

Malgré l'immensité de ses défenses recourbées
le mammouth laineux n'était pas plus haut qu'un
grand éléphant d'Asie et avait le corps plus court.

Chapitre 3

VERS UNE EXPLICATION COSMIQUE

Pour la mythologie scandinave, la fin du monde viendra non par le feu mais par la glace formée au cours d'interminables hivers qui feront geler même les mers. D'autres mythes scandinaves situent l'origine du ciel et de la terre dans le corps d'un géant formé des brouillards gelés émanant de la glace fondante — la glace qui emprisonnait jadis l'univers entier. Ces légendes traduisent peut-être des souvenirs lointains des temps glaciaires, qui ont laissé bien peu de traces dans le folklore. Bien que la fin de la dernière période glaciaire ait eu pour témoins des humains pleinement évolués, les légendes les plus anciennes ne comportent aucune allusion au recul des glaciers ni au réchauffement progressif du climat. On trouve chez maints peuples des récits d'inondations cataclysmiques qui engloutirent le monde mais aucun n'évoque une planète complètement ensevelie sous les inlandsis.

Ce n'est en fait qu'au XIXe siècle que les hommes de science ont commencé à déchiffrer les indices géologiques révélant qu'une ère glaciaire avait précédé l'essor de la civilisation ou à sonder le démoralisant mystère des causes possibles d'une glaciation aussi étendue. Et en 1837, lorsque le savant suisse Louis Agassiz avança l'hypothèse d'une glaciation de grande envergure, ses collègues restèrent pour le moins sceptiques.

Le 24 juillet de cette année-là, quand Agassiz monta à la tribune de la Société suisse de sciences naturelles dont il était président, il fut salué par des applaudissements enthousiastes. A 30 ans à peine, Agassiz était reconnu comme une autorité de premier plan dans le domaine des poissons fossiles et cette conférence, qui se tenait à Neuchâtel, devait, pensait-on, confirmer sa réputation d'étoile montante au firmament de la science. Il avait dernièrement étudié un grand nombre de fossiles recueillis lors d'une expédition au Brésil et les membres de la Société étaient impatients d'entendre ses conclusions ; au lieu de cela, il aborda une question rien moins qu'exotique et déjà des plus controversées depuis que deux autres sociétaires, Ignatz Venetz et Jean de Charpentier, l'avaient soulevée. «Je vais vous parler, annonça le jeune naturaliste, des glaciers, des moraines et des blocs erratiques. »

Devant un auditoire fort mal à l'aise, Agassiz fit observer que le Jura suisse était jonché de blocs de granite tout à fait étrangers au calcaire sur lequel ils reposaient. Il soutint que ces blocs, qualifiés d'erratiques, devaient avoir été transportés là où ils étaient par des glaciers, en donnant pour preuve les sillons et les stries qui marquent souvent le socle rocheux dans le Jura et qui indiquent que les glaciers épars dans le pays s'étendaient autrefois bien au-delà de leurs limites actuelles. Partant de ces prémisses, Agassiz brossa devant son auditoire stupéfait le tableau d'une époque lointaine où des calottes glaciaires

Échoué à flanc de colline depuis que la glace a fondu, il y a quelque 13 000 ans, ce rocher domine un paysage façonné par les glaciers situé dans l'Acadia National Park, Maine.

Sur cette photo de 1871, le naturaliste suisse devenu Américain, Louis Agassiz (*à gauche*) écoute un de ses collègues à l'université d'Harvard, le mathématicien Benjamin Peirce, évoquer un point de géographie. Agassiz fut le plus écouté de tous les savants qui soutinrent les premiers que la topographie de l'Europe du Nord résulte pour une large part de l'action d'une vaste glaciation.

s'étendaient du pôle Nord jusqu'aux rivages de la Méditerranée et de la mer Caspienne, et il poursuivit en ajoutant qu'un événement d'une portée aussi cataclysmique devait avoir annihilé bon nombre d'êtres vivants. Le lendemain, Agassiz s'appropriait une expression forgée l'année précédente par son ami le botaniste Karl Schimper et donnait à ce traumatisme planétaire le nom d'*Eiszeit* — les temps glaciaires.

Cette communication d'Agassiz devait par la suite être reconnue, sous l'appellation de «discours de Neuchâtel», comme un jalon dans les annales scientifiques. Mais à l'époque, elle ne suscita qu'un silence d'incompréhension, qui fit bientôt place à la fureur. Rares étaient ceux qui contestaient que la planète eût connu des catastrophes dans le passé; en ce début du XIXe siècle, les plissements massifs des roches, les sédiments marins soulevés, les fossiles de créatures disparues étaient reconnus pour des indices de forces géologiques assez puissantes pour bouleverser complètement la planète et anéantir toute vie. Mais parmi les membres de la Société, rares étaient ceux qui consentaient à faire jouer un tel rôle à la glace.

Selon les idées reçues d'alors, les signes omniprésents d'un cataclysme géologique passaient tout simplement pour authentifier le récit biblique du Déluge; les dépôts glaciaires d'argile et de cailloutis, par exemple, reçurent en anglais le nom de *drift* qui évoque l'idée de matériaux apportés par les eaux.

Comment les flots avaient pu charrier sur tant de kilomètres les gros blocs erratiques, on reconnaissait que c'était difficilement explicable. Le géologue écossais Charles Lyell, vers 1830, avait émis l'hypothèse ingénieuse que ces rochers avaient été pris dans la glace des icebergs dérivant sur les eaux du Déluge. L'idée avait paru quelque peu téméraire mais moins blasphématoire que celle que Louis Agassiz suggérait.

Agassiz n'était pas le premier à défier la théorie du Déluge. Dès 1787, l'avocat suisse Bernard Friedrich Kuhn avait émis l'hypothèse que les blocs erratiques du Jura aient pu être transportés par les glaciers. Et en 1795, le «père de la géologie», l'Écossais James Hutton en était arrivé à la même conclusion. La loi d'uniformitarisme de Hutton, selon laquelle tous les traits physiques de la terre s'expliquent par des processus naturels agissant selon des rythmes plus ou moins uniformes, était à la fois la pierre angulaire de la science géologique et une réfutation de la théorie catastrophiste. L'œuvre de Hutton fut très largement dédaignée de son temps, notamment parce que sa loi uniformitariste impliquait que la terre fût beaucoup plus ancienne que ses contemporains n'étaient disposés à l'admettre. Ceux-ci en étaient restés à l'an 1654, quand John Lightfoot, vice-chancelier de l'université de Cambridge, avait précisé au jour et à l'heure près les calculs antérieurs de l'archevêque James Ussher relatifs à l'année d'origine de la terre. «Le ciel et la terre et les nuages pleins d'eau et l'homme, avait proclamé Lightfoot, ont été créés par la Sainte Trinité le 26 octobre 4004 av. J.-C. à neuf heures du matin.»

Mais ces hypothèses concernant le rôle géologique des glaciers que les savants les plus éclairés du monde jugeaient inacceptables apparaissaient depuis longtemps comme des évidences aux autochtones des Alpes. Leurs observations leur avaient appris non seulement que les glaciers bougent mais qu'ils transforment le relief sur leur passage. Un guide et chasseur de chamois du sud des Alpes suisses, Jean-Pierre Perraudin, avait écrit en 1818 : «Ayant depuis longtemps remarqué des marques ou entailles sur des roches dures et inaltérables, ces marques étant toujours orientées comme la vallée, j'en ai conclu, après m'être approché des glaciers, qu'elles avaient été faites par la pression ou pesanteur de ces masses, dont j'ai trouvé des traces au moins jusqu'à Champsec. Cela me fait penser que les glaciers occupaient dans le passé la totalité du Val de Bagnes et je suis prêt à démontrer ce fait aux incrédules en comparant ces marques à celles que laisse le glacier à présent.»

Ignatz Venetz, un Suisse ingénieur du Génie, entendit parler des idées de Perraudin et en fut si frappé qu'il consacra une bonne part de son temps pendant de nombreuses années à étudier les glaciers de diverses régions de Suisse. En 1829, il avait amassé suffisamment d'observations pour présenter ses conclusions à la conférence annuelle de la Société suisse de sciences naturelles et un auditoire sceptique entendit Venetz affirmer que les glaciers alpins s'étendaient jadis non seulement sur le Jura mais aussi vers le nord, dans la plaine européenne. Le seul auditeur qu'il réussit à conquérir fut Jean de Charpentier, un savant éminent qui dirigeait les salines de Bex. Jusqu'alors, il avait taxé d'extravagances les idées de Perraudin mais de Charpentier se rallia avec enthousiasme à celles de l'érudit Venetz.

Trois ans plus tard, le savant allemand Reinhard Bernhardi publia un article fracassant où il prétendait que la glace polaire avait autrefois atteint l'Allemagne du Sud, jonchant le pays de blocs erratiques. «Cette glace, écrivait Bernhardi, recula pendant des millénaires jusqu'à ses limites actuelles et les dépôts d'erratiques doivent être identifiés aux murailles ou aux monceaux de fragments rocheux que déposent les glaciers petits ou grands, ou en d'autres termes aux moraines que cet océan de glace déposa au cours de son retrait. » C'était la première fois qu'en termes aussi concis un texte imprimé affirmait la réalité d'une ère glaciaire, mais il n'intéressa guère et son auteur, aujourd'hui considéré comme l'un des pères de cette idée, fut oublié tandis que d'autres reprenaient le flambeau.

En 1834, Jean de Charpentier présenta à la Société suisse de sciences naturelles certaines des preuves géologiques des hypothèses de Venetz. Louis Agassiz était dans l'assistance mais, malgré son jeune âge, il ne fut nullement impressionné par cette communication. Deux ans plus tard, cependant, il passa l'été chez de Charpentier, dans la station thermale de Bex, et quand il vit de ses propres yeux ces preuves il embrassa la théorie glaciaire avec la ferveur d'un converti. Il devait pousser plus loin les recherches de ses collègues et, avec une ardeur visionnaire, échafauder une théorie selon laquelle une glaciation avait autrefois affecté la terre entière.

En 1837, quand il prononça son fameux discours, Agassiz avait l'impression d'administrer des preuves irréfutables mais sa vision grandiose ne suscita qu'un feu nourri de critiques. Même de Charpentier fut choqué d'entendre ses propres hypothèses modestes quant à l'ancienne extension des glaciers locaux transformées en l'évocation cataclysmique d'un monde dominé par les glaces. Alexandre de Humboldt, l'un des hommes de science les plus en vue d'Europe et le généreux mentor d'Agassiz, conseilla à son protégé d'abandonner « ces considérations générales (et quelque peu glaçantes) sur les révolutions primitives du monde, considérations, chacun le sait bien, qui ne convainquent que ceux qui les inventent ».

Mais Agassiz refusa de se rétracter. Bien au contraire, il se lança de toutes ses forces dans le prosélytisme. L'un de ses objectifs essentiels était le révérend William Buckland, premier professeur de géologie de l'université d'Oxford, l'inventeur des fabuleux fossiles de la grotte de Kirkdale en 1821. Buckland, qui attribuait la présence de ces fossiles à l'action du Déluge, passait aux yeux de nombreuses personnes pour le meilleur géologue de son époque. Il était tellement passionné par ses recherches que ses chevaux, disait-on, s'arrêtaient d'eux-mêmes devant toute saillie rocheuse : et il connaissait si bien la géologie de l'Angleterre qu'ayant perdu son chemin par une nuit épaisse, alors qu'il faisait route vers Londres avec quelques compagnons, il lui suffit de ramasser une poignée de terre et de la humer pour déclarer qu'ils se trouvaient près d'Uxbridge. Or Buckland était un ardent zélateur du Déluge. « Le fait capital d'un déluge universel à une époque pas très reculée », écrivait-il en 1819, « est démontré par des preuves si décisives et incontestables que, n'eussions-nous rien appris de cet événement par les Écritures, la géologie elle-même aurait dû avoir recours à une telle catastrophe pour expliquer les phénomènes de l'action diluvienne. »

Agassiz avait fait la connaissance de William Buckland en 1834 alors que le jeune naturaliste parcourait l'Angleterre pour visiter des collections de poissons fossiles. Les deux hommes s'étaient liés d'amitié et, en 1838, Agassiz se risqua à exposer ses théories glaciaires à Buckland lors d'un congrès qui eut lieu à Fribourg, en Allemagne. La foi du professeur de géologie dans le Déluge resta inébranlable mais il accepta d'accompagner Agassiz dans les montagnes suisses pour examiner les indices qui avaient convaincu son jeune collègue. Ce que vit Buckland lui fit abandonner certaines de ses chères convictions mais, de retour en Angleterre, les doutes le reprirent ; sa femme, écrivant à Agassiz pour le remercier de son hospitalité, lui avouait que son mari se trouvait « aussi loin que jamais de tomber d'accord » avec lui.

En août 1840, Agassiz reçut d'Alexandre de Humboldt une lettre laissant penser que l'opposition du grand savant allemand était en train de faiblir. « Je ne puis terminer cette lettre, écrivait Humboldt, sans vous demander pardon de certaines expressions, trop abruptes peut-être, figurant dans ma dernière lettre à propos de vos conceptions géologiques. » Deux mois plus tard, Agassiz publiait une version développée de son « discours de Neuchâtel » dans un livre intitulé *Études sur les glaciers*, qui ne fit qu'attiser l'animosité générale. Cet accueil s'expliquait autant par la jalousie professionnelle que par le désaccord sincère. De Charpentier qui préparait un livre de son cru fut furieux qu'Agassiz l'eût pris de vitesse ; Karl Schimper, l'inventeur du terme *Eiszeit*, estima que le livre d'Agassiz rendait insuffisamment hommage à ses idées et ce fut la brouille définitive entre eux.

Cette même année 1840, Agassiz se rendit en Écosse et alla exposer ses idées devant la conférence annuelle de l'Association britannique pour le progrès de la science. Ces assises prestigieuses attirèrent, outre Buckland, des géologues aussi éminents que Charles Lyell et Roderick Impey Murchison, président de la Société géologique de Londres. L'exposé d'Agassiz prit un tour plus fracassant que jamais, car il était maintenant convaincu que les inlandsis avaient recouvert toutes les régions septentrionales de l'Europe, de l'Amérique et de l'Asie. A nouveau, ses démonstrations n'ébranlèrent quasiment personne. Lyell exprima son désaccord de façon particulièrement explicite ; Buckland, lui, garda le silence tout au long.

Un silence méditatif, cependant ! Certaines formes de relief apparaissaient à Buckland de plus en plus difficiles à expliquer par un déluge universel et il commençait à envisager la possibilité d'une action glaciaire. Après la conférence, il invita Agassiz et Murchison à l'accompagner dans une expédition sur le terrain en Angleterre septentrionale, en Ecosse et en Irlande. Ce fut pour Buckland une révélation. Au cours de sa visite en Suisse, les indices d'action ancienne des glaciers l'avaient momentanément impressionné mais il s'était persuadé que le phénomène était purement local ; et voilà qu'en Écosse, où n'existait aucun glacier, Agassiz lui faisait observer les mêmes indices — moraines, blocs erratiques, roches scarifiées et polies. Abordant une vallée, Agassiz prédit avec exactitude l'endroit où l'on trouverait une moraine terminale. Enfin, il convainquit Buckland que les fameuses « routes parallèles » de la vallée de Glen Roy — ces trois terrasses superposées qui ressemblent à des routes taillées dans les versants — sont les niveaux successifs d'un ancien lac qu'un barrage glaciaire avait considérablement agrandi.

A la fin du voyage, Buckland avait embrassé la théorie glaciaire et il fit promptement un autre converti de marque, Charles Lyell. Rentré en Suisse, Agassiz reçut une lettre enthousiaste de Buckland affirmant : « Lyell a adopté votre thèse *in toto* ! ! ! » Mais Murchison resta inébranlable, retardant ainsi le ralliement de la science anglaise à la nouvelle théorie.

Plus tard en cette même année 1840, Agassiz fut invité par la Société géologique de Londres. Buckland, vice-president de la société, et Charles Lyell plaidèrent tous deux la cause d'Agassiz mais la majorité des membres resta fort sceptique. « Le professeur Agassiz prétend-il que le lac de Genève fut jadis occupé par un glacier de 1 000 mètres d'épaisseur ? » demanda un auditeur. « Pour le moins », répondit Agassiz. Piqué au vif, l'autre proclama alors la théorie glaciaire « le sommet de l'absurdité en géologie ». Murchison

ajouta d'un air sombre que rien n'arrêterait les glaciologues si on admettait leurs théories; ils prétendront bientôt, dit-il, que des glaciers ont autrefois recouvert Hyde Park — ce qui, de fait, ne fut pas le cas. Mais le nouvel adepte Buckland conclut la séance en vouant «au supplice de la démangeaison éternelle sans permission de se gratter» quiconque oserait contester les observations sur lesquelles s'appuyait la théorie glaciaire.

Cela n'empêcha pas Murchison, deux ans plus tard, quand il prononça son allocution présidentielle devant la Société géologique de Londres, de consacrer la dernière partie de son long discours à une attaque virulente contre cette théorie. Selon lui, il y avait «peu de risques qu'une telle doctrine n'établisse son emprise sur les esprits solides» en Europe; mais son souci majeur était que les vues d'Agassiz ne séduisent des gens plus impressionnables. Déjà, annonça-t-il à son auditoire, des nouvelles alarmantes faisaient état d'un géologue américain, Edward Hitchcock, qui aurait récemment déclaré, selon les termes de Murchison, que «les travaux d'Agassiz avaient été un trait de lumière pour lui» en lui fournissant l'explication de phénomènes tels que dépôts de cailloutis ou roches striées. De fait, un autre Américain, Timothy Conrad, avait apporté son soutien à Agassiz deux ans à peine après le «discours de Neuchâtel»; en 1839, Conrad publia un article affirmant que les roches de l'État de New York occidental avaient été polies et striées par des glaciers tout comme celles du Jura. Les graines semées par Louis Agassiz et nourries par William Buckland et Charles Lyell avaient levé dans le Nouveau comme dans l'Ancien Monde.

Mais l'opposition des partisans opiniâtres du Déluge devait se poursuivre tout au long du XIXe siècle et un géologue britannique alla jusqu'à prétendre que les roches polies du pays de Galles étaient le résultat des glissades des galopins locaux. Murchison, un adversaire acharné jusqu'à la fin, déclara en 1864 que «la glace, *per se*, n'a ni n'a jamais eu aucun pouvoir de creusement». Mais la résistance effective à la théorie glaciaire s'effondra vers 1865, quand le géologue écossais Thomas Jamieson eut publié une étude convaincante sur les effets comparés de l'inondation et de la glaciation, démontrant que seule l'action glaciaire pouvait expliquer les blocs erratiques et les stries du socle rocheux en Écosse. Archibald Geikie, autre éminent géologue écossais, fut si totalement convaincu par les arguments de Jamieson qu'il écrivit: «Il est certain que la théorie glaciaire sera avant peu universellement acceptée dans ce pays comme elle aurait dû l'être il y a déjà vingt ans, lorsque Louis Agassiz en présenta la première ébauche.»

Agassiz habitait alors les États-Unis; il s'y était établi en 1846 avant d'être nommé professeur de zoologie à l'université de Harvard. Dans sa patrie adoptive, Agassiz revint peu à peu à ses premières amours, l'étude des poissons fossiles et il mourut en 1873 sans avoir apporté de nouvelle contribution décisive au débat sur la glaciation. Mais il avait ouvert les yeux de ses collègues sur le monde des époques glaciaires et il vécut suffisamment longtemps pour voir la victoire de sa théorie. Il légua aux autres le soin d'explorer ce monde, d'en établir la chronologie et de tenter de répondre à la question essentielle, celle des causes de la glaciation.

Déjà au plus fort de la controverse, certains géologues avaient réfléchi aux implications d'une glaciation massive. Charles Lyell avait suggéré dès 1832 que les fluctuations du niveau marin pouvaient s'expliquer par celles du volume de la glace terrestre. En 1841, le géologue écossais Charles Maclaren faisait observer que si les glaciers avaient un jour recouvert les sommets du

Cette dalle calcaire sur le littoral de St. John's Bay, à Terre-Neuve, porte encore les traces du mouvement inexorable d'un inlandsis; sa surface a été striée et polie par les débris abrasifs emprisonnés sous des millions de tonnes de glace.

Jura «la ponction d'eau nécessaire pour constituer ladite couche de glace devait avoir déprimé les océans de près de 250 mètres». Maclaren n'avait aucun moyen de connaître le volume maximum des inlandsis, mais dès les années 1870, les géologues d'Europe et d'Amérique du Nord avaient déterminé les anciens fronts glaciaires en dressant la carte des dépôts glaciaires et calculé l'épaisseur moyenne des inlandsis en examinant l'extension verticale de leur action sur les montagnes. Ces mesures permirent à l'Américain Charles Whittlesey de conclure en 1868 que «au plus fort du froid la dépression du niveau des océans devait atteindre au moins de 110 à 120 mètres».

Ces estimations semblaient en contradiction avec les trouvailles de fossiles marins bien au-dessus du niveau actuel des mers : certains rivages se seraient ainsi trouvés bien plus élevés au lendemain immédiat de la glaciation qu'aujourd'hui. Mais Thomas Jamieson, fort intrigué par la découverte faite en Scandinavie de dépôts marins à plus de 300 mètres au-dessus du niveau de la mer, proposa en 1865 une brillante explication de ce paradoxe. «En Scandinavie et en Amérique du Nord de même qu'en Écosse, écrivait-il, nous avons des indices d'une dépression des terres immédiatement consécutive au grand ennoyage glaciaire ; et, fait étrange, l'altitude à laquelle on a trouvé des fossiles marins dans tous ces pays est à peu près la même. Je me suis dit que l'énorme poids de la glace accumulée sur les terres devait avoir un rapport avec cette dépression.» Anticipant les conclusions des géophysiciens du XXᵉ siècle, Jamieson expliqua l'enfoncement glaciaire et le soulèvement postglaciaire, en postulant l'existence, sous la croûte terrestre rigide, d'une couche de roches «en état de fusion» capables de se déprimer sous la pression des inlandsis pour se redilater à mesure que les glaces fondaient.

Dans différentes parties du monde, on trouva des indices des conditions climatiques régnant pendant les glaciations. Une découverte essentielle porta sur la similitude des épaisses couches de loess — ces fins sédiments éoliens déposés pendant les périodes glaciaires — et des dépôts récents provenant du désert de Gobi froid et sec. Ce fut l'un des premiers signes prouvant que l'environnement glaciaire avait été aride. Dans le sud-ouest américain, cependant, les géologues constatèrent que l'humidité avait dû être beaucoup plus forte qu'aujourd'hui. Dans les années 1870, Grove Karl Gilbert, de l'U.S. Geological Survey, établit grâce à l'étude approfondie des rivages fossiles que le lac Bonneville s'étendait sur une superficie de plus de 50 000 kilomètres carrés. Le seul vestige actuel de cette vaste étendue d'eau préhistorique est le Grand Lac Salé de l'Utah.

Les études de ce genre se multipliant, les géologues se rendirent compte que les avancées et les reculs périodiques des glaces étaient en rapport avec des réchauffements et des refroidissements du climat du globe. Louis Agassiz supposait que l'ère glaciaire était un épisode unique dans l'histoire de la Terre ; mais dans les années 1840, l'Anglais Joshua Trimmer découvrit deux couches distinctes de sédiments morainiques dans une falaise de la côte d'East Anglia, ce qui impliquait qu'il ait eu au moins deux glaciations successives en Angleterre. Dans les années 1860, Archibald Geikie soutint qu'une strate de fragments végétaux intercalée entre deux niveaux de moraines, en Écosse, témoignait d'une période de climat doux entre deux avancées de l'inlandsis. Le point fut définitivement établi une dizaine d'années plus tard quand des savants trouvèrent dans le Middle West américain des vestiges de forêts pris en sandwich entre deux couches de moraine.

Les chercheurs entreprirent alors d'établir l'ordre et la chronologie de cette

Après la glace, le déluge

Dans les années 1960, après plus d'un siècle passé à fouiller tous les continents en quête d'indices des anciennes glaciations, les scientifiques se tournèrent vers une source entièrement nouvelle de renseignements : un paysage de la période glaciaire resté dissimulé sous les vagues depuis le début du retrait des massifs inlandsis, voici quelque 18 000 ans.

Les glaciers qui envahirent jadis l'hémisphère Nord étaient si énormes — 3 kilomètres d'épaisseur par endroits — que leur fusion occasionna l'une des plus grandes inondations de l'histoire géologique ; le niveau marin s'éleva de 120 mètres dans le monde entier. Dans la plupart des cas, cette montée fut lente : environ 60 centimètres par an. Mais cette cadence suffit pour inonder rapidement les côtes basses. La côte ouest du golfe du Mexique, par exemple, est si plate que la mer gagna jusqu'à 60 mètres par an sur la terre.

Dans le monde entier, des prairies fertiles se transformèrent d'abord en marécages puis en fonds marins. Des forêts littorales furent ainsi noyées si rapidement que les arbres furent conservés, tels des légumes dans la saumure. Sous les tropiques, beaucoup d'éminences devinrent des îles, bientôt cernées par des colonies de coraux qui prospèrent le long des hauts-fonds tièdes. Avec les siècles nombre de ces îles furent submergées et les récifs coralliens continuèrent à pousser vers la surface. Il ne demeura finalement plus que des atolls annulaires regorgeant de poissons, halos vivants perpétuant ainsi le souvenir de sommets antédiluviens.

A près de 30 mètres sous la surface de l'eau, un plongeur prend des mesures près d'une souche d'arbre, ultime vestige d'une forêt de saules et d'aulnes qui prospéraient sur le littoral japonais voici quelques dizaines de milliers d'années.

A 450 kilomètres environ au large de l'Inde, des récifs coralliens entourent d'atolls des îles que la transgression marine a réduites ou effacées.
Les coraux peuvent pousser de plusieurs dizaines de centimètres par an pour rester dans leur milieu optimal (à moins de 6 mètres de la surface); les récifs ont ainsi cru au même rythme que les eaux libérées lors de la fonte des glaces.

Les stalactites et les stalagmites ornant cette
grotte sous-marine dans les Bahamas prouvent que
le niveau marin fut jadis ici beaucoup plus bas ;
ces formations n'apparaissent qu'à l'air.

succession d'avancées et de retraits des glaces. Pour dater des événements survenus bien avant toute histoire, ils appliquaient la loi d'uniformitarisme de Hutton. Ils commencèrent par mesurer la vitesse de processus géologiques qui suivent un rythme supposé plus ou moins constant, puis ils calculèrent le temps qu'il avait fallu pour engendrer les formes dues à ces processus. Un point de départ suffisait — et de l'ingéniosité.

A la fin du XIXᵉ siècle, par exemple, Grove Karl Gilbert, poursuivant le travail de ses prédécesseurs, entreprit de calculer le temps écoulé depuis la dernière glaciation en mesurant la distance sur laquelle les chutes du Niagara avaient reculé vers l'amont depuis le retrait de la glace. Un dépôt glaciaire à neuf kilomètres en aval lui fournit un point de départ et des témoignages historiques révélèrent la vitesse moyenne à laquelle l'érosion fait reculer la chute. En mesurant la distance entre celle-ci et le dépôt morainique et en la divisant par le taux annuel d'érosion, Gilbert estima que le glacier avait abandonné la gorge il y a quelque 7000 ans, alors que toutes les précédentes estimations avançaient 30000 ans et plus.

Les méthodes de datations utilisées par Gilbert et ses contemporains étaient grossières car elles ne permettaient pas de prendre exactement en compte les variations qui affectent tous les processus naturels ; Gilbert, par exemple, n'avait aucun moyen de savoir si la vitesse d'érosion de la gorge du Niagara avait changé au cours des millénaires soit par l'altération du débit de la rivière soit par des différences de dureté des roches. Il fallait trouver une méthode plus subtile fondée sur un processus dont le déroulement annuel laisse une empreinte aisément lisible.

Et de fait c'est une telle méthode qu'avait employée en 1878 le baron Gerard de Geer, un géologue suédois. Étudiant la région de Stockholm, de Geer fut frappé par la régularité de stratification des sédiments déposés au fond des lacs qu'alimentent des glaciers. Durant la fonte estivale, constata-t-il, l'eau de fusion entraîne une masse de débris qui se décantent dans le lac voisin selon un profil distinct pour chaque année. Les matériaux grossiers tombent au fond les premiers, formant une assise imparfaite, alors que les particules légères restent beaucoup plus longtemps en suspension et constituent sur les premières une sédimentation fine.

Les lacs glaciaires apparaissant aussitôt que les glaciers se retirent, de Geer fut en mesure d'estimer l'âge de chaque lac, et donc la date approximative à laquelle son site a été libéré du glacier, tout simplement en comptant ces couples de sédiments, appelés varves, présents sur son lit. De plus, comme l'épaisseur des varves varie en fonction du climat, s'accroissant par exemple les années chaudes où l'eau de fonte plus abondante entraîne davantage de sédiments, de Geer réussit à suivre le recul de l'inlandsis scandinave en mettant en relation la configuration sédimentaire des différents lacs. Il calcula que les plus anciens lacs, les plus proches du pourtour de l'inlandsis, s'étaient formés il y a environ 12000 ans tandis que les plus jeunes n'en avaient guère plus de 6000. Les variations en épaisseur des varves lui donnèrent un aperçu de l'évolution climatique depuis le retrait des glaces.

Ce genre de calendrier naturel ne couvre que la période postglaciaire ; d'autres méthodes de datation sont nécessaires pour calculer la durée des phases glaciaires et interglaciaires qui constituent, sur des millions d'années, une période glaciaire. Mais même l'ordre de succession de ces phases est difficile à établir car un inlandsis qui s'avance arrache, tel un bulldozer, les dépôts précédents. Mais vers la fin du XIXᵉ siècle, les géologues avaient

surmonté ces difficultés et mis au jour les indices de quatre sédimentations morainiques distinctes en Amérique du Nord, permettant de présumer que le continent avait connu au moins quatre glaciations aux époques géologiques récentes. Elles reçurent le nom des États où leurs effets ont été le mieux étudiés, successivement : Nebraskan, Kansan, Illinoian et Wisconsinan.

A partir de méthodes chronologiques différentes, deux géographes allemands, Albrecht Penck et Eduard Brückner, établirent que les régions alpines de l'Europe avaient été également affectées par quatre glaciations, auxquelles ils donnèrent ensuite les noms de quatre vallées fluviales où ils avaient recueilli leurs indices, soit, de la plus ancienne à la plus récente : Günz, Mindel, Riss et Würn. L'analyse des varves des lacs suisses amena Penck et Brückner à estimer que les inlandsis s'étaient retirés des Alpes il y a 20 000 ans ; ensuite, en comparant la profondeur de l'érosion postglaciaire à celle qui s'était produite pendant chaque interglaciaire, les géographes aboutirent à la conclusion que l'interglaciaire le plus récent avait duré 60 000 ans, et le précédent, 240 000 ans et que la période glaciaire avait au total couvert 650 000 ans. Leur démonstration, qui fut publiée par la suite en 1909, était impressionnante et la plupart des scientifiques crurent enfin résolu le problème de la chronologie des glaciations.

Tandis que certains chercheurs s'efforçaient de dresser la carte des glaciations et de leur assigner des cases sur un calendrier géologique, d'autres s'attachaient à déterminer les causes qui avaient fait quitter aux inlandsis leurs retraites polaires ou montagneuses et celles qui avaient ensuite provoqué leur recul ou leur disparition. C'était, à tout le moins, une entreprise délicate. En 1884, le géologue américain Clarence Edward Dutton exposa, dans une étude, les difficultés attendant quiconque s'attaquerait au mystère. «Si l'on ne peut douter, écrivait-il, que le climat de la période glaciaire était, sous certains aspects importants, différent des climats actuels, dès lors qu'on tente d'évaluer les répercussions d'une variation marquée de l'un quelconque des déterminants du climat, il apparaît si étroitement imbriqué avec d'innombrables autres conditions et déterminants que le chercheur voit en général déjoués ses efforts pour leur assigner chacun un juste poids. »

En réalité, l'atmosphère terrestre et les océans constituent un système complexe mû essentiellement par la chaleur solaire. Mais une grande part de l'énergie solaire ne pénètre jamais le système ; environ 50 p. cent en est renvoyé dans l'espace par les nuages et par l'atmosphère elle-même. Et des radiations qui atteignent la planète, un tiers environ est réfléchi par diverses surfaces. La neige fraîche, par exemple, réfléchit 90 p. cent du rayonnement solaire qui la frappe, la banquise et les déserts, quelque 35 p. cent ; les forêts, en revanche, à peine 10 p. cent et les océans, parfois, juste 3 p. cent.

Le rayonnement solaire finalement absorbé par la terre n'est pas distribué également. La zone équatoriale en absorbe plus qu'elle n'en réfléchit, et c'est l'inverse dans les zones polaires ; ce n'est que par 40° de latitude nord et sud que absorption et réflexion s'équilibrent à peu près. Si les différences de bilans calorifiques ne s'égalisaient pas, l'équateur s'échaufferait progressivement tandis que les pôles se refroidiraient. Mais les océans et les courants atmosphériques transfèrent de la chaleur des tropiques vers les pôles et en rapportent des eaux et de l'air froids.

Tout refroidissement significatif d'une partie du système climatique terrestre entraînera des changements correspondants dans les autres parties,

Des dépressions couvertes de sel et des terrasses littorales marquent la place du lac Bonneville, dans l'Utah, mer intérieure préhistorique qui couvrait plus de 50 000 kilomètres carrés. A la fin de la dernière glaciation, il y a à peu près 10 000 ans, le climat de la région devint aride et le gigantesque lac s'évapora.

Le rebord rocheux des Horseshoe Falls, au Canada, est rogné de 30 à 90 centimètres par an par le Niagara. A partir de la vitesse de cette érosion, on a voulu

calculer la date de la fin de la période glaciaire, à laquelle la chute s'est formée. Mais cette vitesse est par trop variable.

déclenchant peut-être des réactions en chaîne aboutissant à une glaciation. Le problème est de repérer la modification initiale et sa cause. Pour comble de complexité, toute théorie valable de l'origine des glaciations doit expliquer aussi leur fin ainsi que leur grande fréquence.

Le premier exposé de la théorie glaciaire par Agassiz suscita chez les savants qui l'acceptaient de nombreuses tentatives pour expliquer les glaciations. Certains pensaient que les inlandsis résultaient simplement du refroidissement de la terre antérieurement chaude ; d'autres imaginèrent que la totalité du système solaire traversait des régions de l'espace alternativement chaudes et froides. Mais la thèse la plus communément admise était celle de Charles Lyell qui soutenait que la glaciation et le réchauffement subséquent devaient résulter de mouvements verticaux de la croûte terrestre, de surrections et d'affaissements transformant les mers en terres et les terres en mers. Selon l'éminent géologue écossais, de vastes étendues émergeant à de hautes latitudes entraîneraient un accroissement sensible de l'enneigement et favoriseraient donc l'apparition ou la croissance des inlandsis ; dans les périodes où davantage de terres apparaissaient sous l'équateur et les tropiques, leur réchauffement provoqué par le soleil engendrerait des vents chauds qui tempéreraient le climat des hautes latitudes.

Si l'explication de Lyell satisfit la plupart des savants, ce ne fut pas le cas du géologue écossais James Geikie, frère d'Archibald Geikie. En 1874, dans la première édition de son classique *The Great Ice Age*, Geikie écartait sans ambages la théorie de Lyell, faisant remarquer qu'elle ne tenait pas compte notamment du réchauffement par les courants marins. Mais il n'eut pas la cruauté de démolir une théorie admise sans bien sûr proposer une solution de rechange plausible : il s'était rallié à une explication ingénieuse des glaciations, presque aussi vieille que la théorie glaciaire.

En 1842, cinq ans à peine après le « discours de Neuchâtel » d'Agassiz, le mathématicien français Joseph Alphonse Adhémar appliqua au problème des glaciations ses vastes compétences en astronomie. Sa conclusion fut que le climat de la terre est influencé par sa trajectoire orbitale et par des variations de l'inclinaison de son axe sur le plan de l'écliptique. Le fait que la relation physique de la terre avec le soleil connaît des changements constants et significatifs est mis en évidence par la succession des saisons. Si la position de la terre était telle que son axe formât un angle droit avec les rayons solaires, il n'y aurait pas de saisons. Mais cet axe est incliné d'environ 23 degrés et dans le cours de la trajectoire de notre planète autour du soleil, chaque pôle est alternativement tourné vers ce dernier. Le 21 juin, c'est le pôle Nord qui s'offre le plus largement au soleil, faisant de ce jour le plus long de l'année et le premier de l'été dans l'hémisphère Nord ; les régions arctiques sont le plus éloignées du soleil le 21 décembre qui, pour ce même hémisphère, est le jour le plus bref et le premier de l'hiver. Dans l'hémisphère Sud, c'est l'inverse. Deux fois par an, le 20 mars (premier jour du printemps dans le nord) et le 22 septembre (premier jour de l'automne), les deux pôles sont à la même distance du soleil ; ce sont les deux périodes de l'année que l'on appelle équinoxes, où, dans le monde entier, le jour et la nuit sont égaux.

Cette inclinaison de l'axe terrestre n'est pas constante. Sur une période de quelque 41 000 ans, elle passe d'environ 22 degrés à un peu plus de 24 ; elle est à présent de 23° 1/2 et elle est en train de diminuer. Cette diminution atténue considérablement le contraste entre les saisons, les hivers se faisant plus doux et les étés plus frais. Quand cet angle croît, c'est l'inverse qui se produit. Le phénomène constaté est le même dans les deux hémisphères.

Complication supplémentaire, la terre ne reste pas à une distance constante du soleil. Comme le démontra le premier l'astronome Johannes Kepler au XVIIᵉ siècle, l'orbite terrestre n'est pas un cercle mais une ellipse ; notre planète se trouve donc à certains moments de l'année plus proche du soleil qu'à d'autres. Actuellement, la terre atteint son point le plus rapproché du soleil, ou périhélie, au mois de janvier, et le plus éloigné, ou aphélie, au mois de juillet. La différence de distance entre aphélie et périhélie représente quelque cinq millions de kilomètres. Lorsque la terre approche de son périhélie, elle amorce une accélération de sa trajectoire ; par contre, au voisinage de son aphélie, elle la ralentit. Il en résulte que, dans l'hémisphère Nord, la saison froide est plus courte d'à peu près sept jours que la saison chaude, le phénomène inverse se produisant dans l'autre hémisphère.

Adhémar savait également que la relation géométrique de la terre avec le soleil est affectée par un troisième phénomène : une lente giration de l'axe de rotation de la terre. Vu que la terre n'est pas sphérique mais ovale, avec un léger renflement à l'équateur, l'attraction gravitationnelle des autres objets du système solaire la fait osciller, tout comme la gravité fait osciller une toupie. Ce phénomène fut remarqué pour la première fois par l'astronome grec Hipparque vers 120 av. J.-C. quand il compara ses propres mesures astronomiques à celles faites 150 ans avant par Timocharis. Il s'aperçut que la position des étoiles différait. Du fait de sa giration, l'axe de la terre n'est pas toujours dirigé vers les mêmes étoiles. Actuellement, l'étoile polaire est l'étoile α Petite Ourse ; elle reste fixe tandis que les autres étoiles semblent tourner. Mais il y a 4 000 ans, l'étoile polaire était α du Dragon, et dans 12 000 ans, ce sera Véga. Dans 22 000 ans, le temps que met l'axe terrestre à accomplir une giration complète, ce sera de nouveau α Petite Ourse.

Ce phénomène est appelé précession des équinoxes car, outre qu'il modifie la carte de l'univers vu de la terre, il affecte la longueur des saisons en changeant le moment de l'année où la planète est le plus près ou le plus loin du soleil. Les hivers de l'hémisphère Nord sont plus courts et plus doux aujourd'hui que ceux de l'hémisphère Sud puisque le périhélie survient en janvier. Il y a 11 000 ans, la giration de l'axe avait incliné la terre en sorte que janvier coïncidait avec l'aphélie. Les hivers de l'hémisphère Nord étaient alors plus longs que ceux de l'hémisphère Sud.

Adhémar voulut convaincre ses collègues que ce cycle était la cause des glaciations. L'hémisphère où les hivers étaient les plus longs connaîtrait une période glaciaire, si bien qu'il s'en produirait une tous les 11 000 ans dans l'un ou l'autre des hémisphères. Mais il avait laissé de côté un fait important que souligna en 1852 le naturaliste allemand Alexandre de Humboldt. Toute diminution du rayonnement solaire reçu par un hémisphère quand il fait un angle défavorable avec les rayons du soleil, remarqua Humboldt, est alors compensé par un accroissement équivalent durant la saison opposée, quand cette partie de la planète est tournée vers le soleil. Autrement dit, dans le cours d'une année, les hémisphères reçoivent en gros la même quantité d'énergie solaire et le fait que l'un ait des hivers plus longs que l'autre ne saurait déclencher une glaciation.

Humboldt avait convaincu Adhémar d'erreur mais il n'avait pas anéanti l'idée qu'il y avait une connexion entre les glaciations et la position de la terre vis-à-vis du soleil. Idée qui n'allait pas tarder à être reprise et affinée, mais l'homme qui devait reprendre les démonstrations d'Adhémar était le plus inattendu des pionniers de la science.

James Croll, fils d'un tailleur de pierre, était né en 1821 dans le Perthshire en Écosse et n'avait reçu qu'une instruction rudimentaire quand il quitta l'école à 13 ans. Mais quand il n'en avait que 11, se produisit un événement qui, selon les termes de son autobiographie, «fit époque» dans sa vie. Il acheta le premier numéro de *Penny Magazine*, publication pour enfants qui touchait à tout. Le jeune Croll fut si enthousiasmé qu'il se mit à lire avidement tout ce qui lui tombait sous la main. Peu après, il se procura ses premiers livres scientifiques. «Au début, je n'y comprenais rien, raconte-t-il, mais bientôt, la beauté et la simplicité des conceptions exposées me remplirent d'une délicieuse stupeur et je me mis à étudier pour de bon.»

Se concentrant sur les lois et les principes plutôt que sur les détails de l'expérimentation, Croll réussit, avant 16 ans, à acquérir une «connaissance tolérable» de la mécanique, de la pneumatique, de l'hydrostatique, ainsi que de la nature de la lumière, de la chaleur, de l'électricité et du magnétisme. Curieusement, il ne s'intéressait nullement à la géologie alors que c'est à des problèmes posés par cette science qu'il devait appliquer ses compétences. Mais il la trouvait «pleine de détails et déficiente en principes rationnels». A la fin de sa vie, il affirmera: «La géologie est presque la seule science à laquelle je n'ai pas consacré une vraie journée d'études.»

Les efforts extraordinaires de notre autodidacte pour maîtriser la science furent mis en échec quand, à 16 ans, il dut gagner sa vie et entrer comme apprenti chez un installateur de moulins. Pendant cinq ans, il nomadisa de ferme en ferme pour réparer des machines, couchant souvant dans des granges

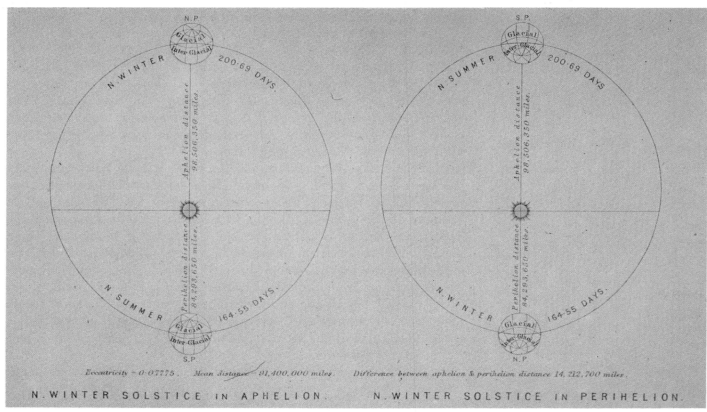

où, avec ses camarades, il devait «s'enfouir sous des vêtements pour se protéger des rats». Las de cette vie, Croll se fit charpentier mais ce métier raviva une vieille blessure au bras et il dut l'abandonner. De fait, il devait toute sa vie être harcelé par les maladies, parfois malheureusement vraies mais parfois aussi peut-être imaginaires.

L'échec lui devint une habitude. Il ouvrit un salon de thé mais sa timidité et son bras qui le faisait souffrir l'empêchèrent de prendre suffisamment soin de sa clientèle et il lui fallut fermer. Il ouvrit un hôtel pour personnes sobres dans une bourgade écossaise qui ne comptait pas moins de 16 tavernes et cafés ; l'entreprise prit vite fin. Il se lança alors dans la vente d'assurances sur la vie et ce fut, dit-il, «quatre ans et demi de la période peut-être la plus désagréable» de toute son existence.

En réalité, Croll semble n'avoir mis que fort peu d'enthousiasme à ces diverses besognes, au point, semble-t-il, d'éprouver un secret soulagement quand il en était débarrassé et pouvait enfin s'adonner à la science. Pendant la période d'oisiveté qui suivit sa pénible expérience d'agent d'assurance, il rédigea et réussit à faire publier un petit volume intitulé *La Philosophie du théisme* qui connut un certain succès. Il entra alors comme rédacteur dans un journal de Glasgow militant pour la tempérance, y resta peu de temps, et finalement, dénicha l'emploi le plus agréable qu'il eût jamais tenu, celui de portier à l'Andersonian College de Glasgow.

«Tout compte fait, devait écrire Croll, je ne me suis jamais senti aussi bien que dans cette institution. Après plus de 20 ans d'instabilité, d'épreuves et de difficultés, ce fut un soulagement de m'établir dans un foyer apparemment permanent. Mon salaire était certes modique, à peine plus que suffisant à assurer notre subsistance ; mais j'avais des compensations d'un autre ordre : la merveilleuse bibliothèque scientifique de la Glasgow Philosophical Society, à laquelle j'avais accès, privilège dont je profitais. Mes fonctions, routinières, exigeaient peu d'effort intellectuel ; et comme mon frère demeurait avec moi, il m'aidait beaucoup et je disposais donc amplement du loisir d'étudier.»

L'Écossais James Croll (*ci-dessus*) étonna le monde scientifique du XIXe siècle en proposant une explication des glaciations en fonction des variations de l'orbite de la terre. L'ellipse de cette orbite s'allonge périodiquement et, pendant quelque 10000 ans, les hivers de l'un des hémisphères surviennent alors en aphélie — point le plus éloigné du soleil sur l'orbite (*à gauche*). Selon Croll, cet hémisphère connaît alors une glaciation. Inversement, quand l'hiver coïncide avec le périhélie — le point le plus proche du soleil — on a un interglaciaire.

Parmi les sujets d'étude de Croll figuraient les glaciations. «A cette époque, explique-t-il, la question de la cause de l'ère glaciaire était au centre d'un débat passionné entre géologues. Au printemps de 1864, je me mis à m'y intéresser.» Tout naturellement, les recherches de Croll le conduisirent à la thèse discréditée d'Adhémar selon laquelle de violents changements climatiques pouvaient être provoqués par la précession des équinoxes. Mais Croll disposait à présent d'un net avantage sur Adhémar car il connaissait les travaux plus récents de l'astronome français Urbain Leverrier qui avait découvert que la trajectoire de la terre autour du soleil changeait de forme dans le temps. Les calculs de Leverrier avaient montré que, sur une période de quelque 100000 ans, l'excentricité de l'orbite terrestre varie considérablement, depuis le cercle presque parfait jusqu'à l'ellipse prononcée. Et plus cette orbite est excentrée, plus elle entraîne la terre loin du soleil.

Croll estima que les périodes glaciaires devaient s'expliquer par ces modifications orbitales. En août 1864, il consacra à la question un article dans le *Philosophical Magazine*, revue scientifique bi-annuelle. A en croire Croll, cette contribution «suscita une attention considérable». Et il ajoute : «On ne cessait de me conseiller d'explorer ce sujet plus avant ; et comme cette voie me paraissait nouvelle et intéressante, je résolus de la suivre jusqu'au bout. Mais je ne me doutais guère, au moment où je pris cette décision, que ce chemin allait devenir si embrouillé que je mettrais bien vingt ans avant d'en sortir.»

A partir des calculs de Leverrier, Croll entreprit de tracer la courbe des changements de forme de l'orbite pendant le cours des derniers trois millions d'années et soutint que les glaciations survenaient durant les périodes où l'orbite terrestre était fortement elliptique. Puisque les variations de l'orbite terrestre, Croll l'admettait, n'affectaient pas la quantité totale de radiations reçues pendant une année, il en conclut que ce devait être l'effet de l'excentricité orbitale sur les saisons qui produisait les glaciations. Son raisonnement, qui devait se révéler inexact, était qu'un moindre ensoleillement hivernal favorisait l'accumulation de la neige qui accentuait à son tour le refroidissement saisonnier en réfléchissant le rayonnement incident. La précession des équinoxes et le degré d'excentricité de l'orbite étaient donc les facteurs déterminant la qualité d'énergie solaire reçue en hiver par la terre.

Croll parvint à la conclusion que, si les hivers d'un hémisphère surviennent au moment où l'oscillation du globe sur son axe éloigne cet hémisphère du soleil et où l'orbite est le plus excentrique, ils peuvent être plus longs de 36 jours et plus froids, peut-être pendant des milliers d'années — assez longs et assez froids pour engendrer une glaciation. Et comme les deux hémisphères connaissent à tour de rôle des saisons froides en aphélie, on peut s'attendre que des glaciations se produisent alternativement dans chaque hémisphère sur une période de 11 000 ans, soit la moitié du cycle de la précession. Pour le reste des 100 000 années du cycle de l'orbite, celle-ci étant moins excentrée, il n'y a pas de glaciations.

Les apports successifs de Croll à cette théorie astronomique suscitèrent l'enthousiasme des savants qui avaient accepté l'idée de glaciation et à qui manquait encore une explication satisfaisante d'un changement climatique de cette ampleur. Archibald Geikie fut si fort impressionné par le travail de son compatriote écossais qu'il lui offrit un poste au Geological Survey d'Écosse qu'il dirigeait. Croll s'en vint à Édimbourg en 1867 prendre ses fonctions et poursuivre ses recherches. En 1875, il publia un livre qui intégrait à sa théorie l'effet des variations de l'inclinaison terrestre. La durée de ce cycle n'était pas encore connue mais Croll supposa qu'une glaciation avait le plus de chances de se produire quand l'angle d'inclinaison de la terre est le plus faible car c'est alors que les pôles reçoivent le moins de chaleur.

La publication de ce livre intitulé *Climat et temps* fut suivie pour Croll d'une pluie d'honneurs. Il fut élu à la Royal Society de Londres et devint membre d'honneur de l'Academy of Science de New York. L'université de St. Andrews le fit docteur *honoris causa* et la Geological Society de Londres subventionna ses recherches. La théorie de Croll s'imposa si bien au monde scientifique que l'éminent James Geikie put écrire : « La théorie astronomique semble offrir la meilleure solution à l'énigme glaciaire. Elle rend compte de tous les faits principaux, de l'occurrence de périodes alternativement tièdes et froides et du caractère particulier des climats glaciaire et interglaciaire. »

Mais voici qu'un problème majeur commença d'apparaître. Selon les calculs de Croll, la dernière glaciation devait avoir culminé il y a quelque 80 000 ans. Or depuis la publication de sa thèse, les études géologiques menées tant en Europe qu'en Amérique du Nord prouvaient qu'elle avait persisté jusqu'à une date bien plus récente. Au moment où mourut Croll, en 1890, la plupart des géologues inclinaient à penser que sa théorie devait être fausse. Même James Geikie, tout en reconnaissant que l'œuvre de Croll avait « indubitablement jeté un rayon de lumière dans les ténèbres », exprimait ses doutes quant à la théorie astronomique. Mais Geikie ne renonçait pas à l'espoir pour autant : « Il se pourrait, ajoutait-il, qu'une modification apportée à ses vues vienne un jour en fin de compte élucider le mystère ; mais pour le moment nous devons nous contenter de travailler et d'attendre. »

Milutin Milankovitch, l'homme qui devait apporter cette modification qu'espérait Geikie, était né en 1879 dans cette nation balkanique évanescente qu'était la Serbie, aujourd'hui intégrée à la Yougoslavie. Il provenait, lui, d'un milieu privilégié. Sa famille possédait des fermes et des vignobles étendus et plusieurs de ses parents avaient des diplômes universitaires. Sous la pression de sa famille, il étudia d'abord l'agronomie en vue de gérer ses domaines. Mais les sciences l'intéressaient davantage et il se rendit à Vienne où il obtint un diplôme d'ingénieur en 1904. Après avoir exercé pendant cinq ans à Vienne comme spécialiste du béton armé, il fut heureux de rentrer dans son pays où on lui proposait un poste à l'université de Belgrade. Milankovitch y enseigna la mécanique, l'astronomie et la physique théorique en attendant de trouver un défi à relever qui lui offre, à son tour, l'occasion de marquer de son empreinte le monde de la science.

En 1911, au cours d'une nuit de beuverie en compagnie d'un ami poète, Milankovitch définit quel serait ce défi : il élaborerait une théorie mathématique permettant de déterminer non seulement la température de la terre à des époques et à des latitudes différentes mais aussi le climat des autres planètes du système solaire. Ce serait une expédition audacieuse dans ce que Milutin Milankovitch appelait « des mondes et des âges lointains » et le jeune professeur avait choisi pour s'y lancer l'époque idéale de sa vie. « C'était mes meilleures années pour m'aventurer dans cette traque », devait-il déclarer plus tard ; « un peu plus jeune, le savoir et l'expérience nécessaires m'auraient fait défaut ; plus âgé, je n'aurais pas eu suffisamment de cette confiance en soi qui n'habite que dans la témérité de la jeunesse. »

La poursuite de ce but devint pour Milankovitch une obsession. « Le scientifique est devant son problème comme un chien de chasse qui a flairé le gibier », devait-il observer. Il commença par dresser l'inventaire exhaustif du travail déjà accompli dans son domaine. Fasciné par la théorie astronomique de James Croll, il n'en conclut pas moins que malgré son apport considérable elle manquait des données précises exigées par un problème d'une telle ampleur. Milankovitch eut la chance de tomber sur les travaux tout récents du mathématicien allemand Ludwig Pilgrim qui avait publié en 1904 des calculs très précis sur la précession des équinoxes et les modifications de l'excentricité de l'orbite terrestre et de l'inclinaison de l'axe. Pilgrim était allé jusqu'à établir la corrélation entre l'excentricité orbitale et la chronologie présumée des glaciations passées. Milankovitch estima que les notions de climatologie de Pilgrim laissaient à désirer mais ne trouva rien à redire à ses calculs ; et il utilisa les chiffres de l'Allemand pour fonder ses calculs relatifs aux climats passés de la terre et des autres planètes.

A l'automne de 1912, la première guerre balkanique interrompit ses travaux. La Serbie s'unit à ses voisins pour chasser les Turcs d'Europe sud-orientale et, en tant qu'officier de réserve, Milankovitch fut rappelé au service actif. Mais les hostilités ne durèrent guère et il retourna bientôt à ses études . Au cours des deux années suivantes, il publia divers articles esquissant à mesure les résultats de ses recherches ; il en ressortait que les avancées et les reculs des glaces pouvaient effectivement être provoqués par les fluctuations du rayonnement solaire liées à la précession des équinoxes et aux variations

Une interaction de phénomènes astronomiques

Le premier pas vers la théorie astronomique des glaciations fut fait il y a 2000 ans, quand l'astronome grec Hipparque découvrit que l'axe de la terre, pareil à celui d'une toupie, a un mouvement giratoire tandis qu'elle tournoie dans l'espace. A la fin du XIXᵉ siècle, on avait tiré au clair les trois variations critiques de la position de la terre et de son orbite dues aux attractions gravitationnelles du soleil, de la lune et des planètes.

La découverte d'Hipparque est appelée précession des équinoxes. La seconde variation affecte l'inclinaison de l'axe, c'est-à-dire l'angle qu'il fait avec le plan de l'orbite. La troisième porte sur l'excentricité de l'orbite, dont la forme varie de presque circulaire à fortement elliptique. De 1912 à 1941, le mathématicien Milutin Milankovitch réalisa des calculs exhaustifs montrant comment la combinaison de ces facteurs pouvait modifier suffisamment l'intensité de l'ensoleillement estival pour expliquer la récurrence des glaciations. Depuis, de nombreuses observations géologiques ont confirmé l'influence de ces phénomènes astronomiques sur le climat.

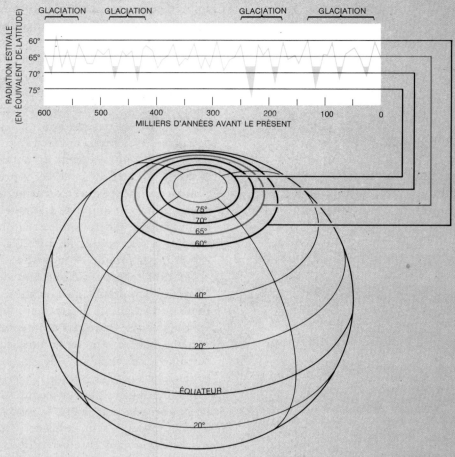

LA COURBE DES GLACIATIONS

Une courbe établie par Milankovitch compare ici la radiation solaire estivale reçue par 65° de latitude nord au cours des 600 000 dernières années à celle perçue aujourd'hui à d'autres latitudes. Les indentations teintées correspondent aux périodes glaciaires en Europe. Il y a 25 000 ans, la radiation solaire estivale à 65° de latitude nord équivalait à celle captée à présent à 450 km plus au nord.

LES 100 000 ANS DU CYCLE ORBITAL

La forme de l'orbite terrestre subit une modification graduelle qui la fait passer de quasi circulaire à nettement elliptique et de nouveau quasi circulaire en un cycle d'approximativement 100 000 ans, au cours duquel la distance de la terre au soleil varie de 18,27 millions de kilomètres, parcours tout à fait phénoménal.

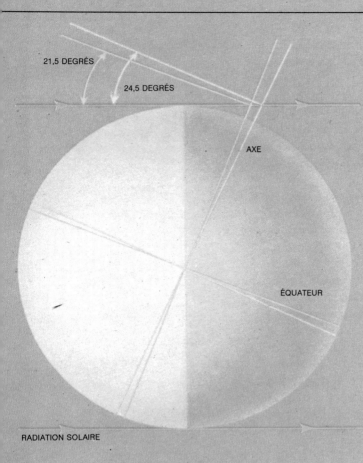

RADIATION SOLAIRE

LES 41000 ANS DU CYCLE DE L'INCLINAISON AXIALE

L'axe de la terre n'est jamais perpendiculaire au plan de son
orbite ; sur 41000 ans environ, l'angle varie de 21,5° à 24,5. Du
fait de cette inclinaison, la radiation solaire en tout point de
la terre varie au cours du parcours annuel de l'orbite, engendrant
les saisons. Quand l'inclinaison est plus forte, les étés sont
nettement plus chauds et les hivers beaucoup plus froids.

LES 22000 ANS DU CYCLE DE LA PRÉCESSION DES ÉQUINOXES

Outre la variation de la forme de son orbite et de l'inclinaison
de son axe, la terre a un lent mouvement de tangage dans l'espace
qui fait parcourir à son axe un cercle en 22000 ans (*en haut,
à droite*) : c'est la précession des équinoxes. De ce fait, la distance
de la terre au soleil pour une saison donnée change. Aujourd'hui
par exemple, étant donné la forme de l'orbite, c'est pendant l'hiver
boréal que la planète est le plus proche du soleil et l'été qu'elle
en est le plus éloignée. Il en résulte (*à droite*) des hivers doux et
des étés frais, favorisant la croissance des inlandsis. Il y a 11000
ans, la disposition était inversée (*en bas, à droite*), créant une
dégénérescence des inlandsis dans l'hémisphère Nord.

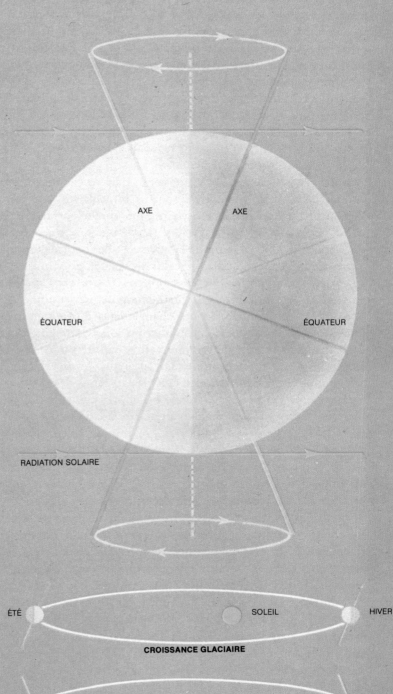

d'excentricité de l'orbite. Ses calculs gagnèrent beaucoup en précision après 1913, quand les chercheurs américains de la Smithsonian Institution eurent établi la constante solaire, ou intensité du rayonnement solaire. Il démontra également que les variations de l'inclinaison de l'axe terrestre influaient bien plus sur le climat que James Croll ne l'avait cru.

Dans l'été de 1914, la guerre, malheureusement, vint à nouveau perturber la vie de Milankovitch. Il se trouvait en visite dans son village de Dalj, alors situé en Autriche-Hongrie, quand éclata la Première Guerre mondiale et il fut immédiatement incarcéré comme prisonnier de guerre. Mais ses études n'en souffrirent pas : il transportait dans sa serviette tous ses papiers concernant son «grand problème cosmique», comme il avait l'habitude de dire et, dès sa première nuit de réclusion, il sortit son stylo et reprit aussitôt ses calculs. «Jetant les yeux autour de moi après minuit, raconte-t-il, il me fallut quelque temps avant de réaliser où je me trouvais. La petite pièce était comme la cabine de mon vaisseau interstellaire.»

Milankovitch ne resta pas longtemps dans sa cellule. Apprenant son emprisonnement, un universitaire hongrois informé des travaux du Serbe obtint des autorités que Milankovitch fût prisonnier sur parole à Budapest où il aurait accès à la bibliothèque de l'Académie hongroise des sciences. C'est là qu'il travailla jusqu'à la fin de la guerre à une théorie permettant de prévoir le climat de la Terre et de décrire celui de Mars et de Vénus. Il publia en 1920 sa *Théorie mathématique des phénomènes thermiques produits par le rayonnement solaire* qui prouvait mathématiquement qu'une glaciation étendue pouvait être provoquée par des changements d'origine astronomique dans la quantité et la distribution de la radiation solaire atteignant la terre. Il affirmait également possible de déterminer cette quantité pour tout moment du passé. En bref, Milankovitch prétendait pouvoir prouver que des phénomènes astronomiques étaient la cause des glaciations.

Parmi les nombreux chercheurs qu'impressionna le travail de Milankovitch figurait le grand climatologue allemand Wladimir Köppen, dont le gendre, Alfred Wegener, avait bouleversé le monde scientifique en 1912 avec sa théorie de la dérive des continents. A présent, Köppen et Wegener avaient entrepris d'écrire un livre sur les paléoclimats. Invité à participer à ce projet, Milankovitch s'empressa d'accepter et s'attacha à définir une courbe des variations de radiation responsables selon lui des glaciations.

James Croll avait cru que les fluctuations de radiation solaire hivernale aux très hautes latitudes étaient le facteur dominant du déclenchement d'une glaciation. Milankovitch voyait les choses autrement. Une longue correspondance avec Köppen l'avait convaincu que ce facteur décisif résidait dans une diminution de la chaleur estivale aux latitudes tempérées et non une diminution de radiation hivernale aux pôles, où les températures sont assez basses même aujourd'hui pour assurer la permanence de la couverture neigeuse. Au prix d'un labeur acharné, il traça des courbes montrant comment la radiation estivale aux latitudes moyennes — entre 55° N et 65° N — avait évolué au cours des 600 000 dernières années. Il termina ses calculs en 100 jours et en expédia les résultats à Köppen.

Quand le savant allemand examina le travail de son collègue serbe, il fut d'emblée frappé par l'étroite corrélation entre les courbes du tableau de Milankovitch et la succession des glaciations européennes établie des années auparavant par les géographes Albrecht Penck et Eduard Brückner. Köppen informa Milankovitch que sa théorie astronomique se trouvait donc confirmée

Cette photo de 1950 montre Milutin Milankovitch au travail chez lui, à Belgrade. Ayant achevé ses travaux astronomiques en 1941, il passa le reste de sa vie à écrire ses mémoires et un ouvrage résumant son œuvre scientifique.

et l'invita à une conférence scientifique qui devait se tenir à Innsbruck, en Autriche. Là, tandis que Milankovitch écoutait du fond de la salle, Alfred Wegener présenta une communication inspirée sur la dérive des continents et les paléoclimats, illustrant la section sur le Pléistocène à l'aide des courbes de radiation si péniblement établies par le Serbe. Cette nouvelle explication des glaciations reçut un accueil si favorable que Milankovitch dormit cette nuit-là sur « un lit de lauriers et de moelleux coussins ».

Köppen et Wegener inclurent le travail de Milankovitch dans leur ouvrage de 1924, *Les Climats des temps géologiques*, qui convainquit nombre de géologues que les glaciations étaient enfin expliquées. Milankovitch, de son côté, continuait à affiner sa théorie et à calculer les courbes des latitudes inférieures et supérieures à celles dont il avait déjà traité. En 1930 il publia son plus clair exposé des causes des glaciations : *Climatologie mathématique et théorie astronomique des changements climatiques*. Le scientifique yougoslave y démontrait que les courbes de radiation aux hautes latitudes sont dominées par le cycle de 41 000 ans de l'oscillation des pôles, tandis qu'aux latitudes proches de l'équateur, elles sont davantage influencées par le cycle de 22 000 ans de la précession des équinoxes.

La correspondance des courbes de Milankovitch avec les périodes présumées d'avance et de recul glaciaires ne suffisait pas à prouver qu'elles constituaient l'explication des glaciations. Mais elle était trop frappante pour résulter d'une simple coïncidence. Les scientifiques du monde entier acceptèrent l'explication apportée par Milankovitch aux changements climatiques et Milankovitch se persuada lui-même que le grand œuvre de sa vie était accompli. Pour la première fois depuis 1911, il se trouvait sans défi à relever. « Je suis trop vieux pour entreprendre une nouvelle théorie », déclara-t-il, avec un vague regret, à son fils en 1941, « et les théories de l'ampleur de celle que j'ai élaborée ne se cueillent pas sur les arbres ».

COUPS DE SONDE DANS LE PASSÉ DES GLACIERS

Les neiges des périodes glaciaires gisent bien loin sous la surface des inlandsis groenlandais et antarctique. Les carottes qu'on en retire racontent en détail l'évolution climatique passée et apportent des indices relatifs à ses causes.

Les difficultés des forages à travers des milliers de mètres de glace sont considérables. Le fluage de la glace tend à refermer les trous pendant le forage même et des liquides utilisés pour les maintenir libres gèlent quelquefois. En 1982, les inlandsis groenlandais et antarctique étaient percés sur toute leur épaisseur.

Les échantillons obtenus grâce à ces forages sont des trésors scientifiques : leurs strates sans lacunes constituent les annales des chutes de neige sur peut-être 125 000 ans. Dans la glace récente, l'accumulation annuelle se manifeste par des bandes comptées pour dater les échantillons. Pour les carottes plus profondes, il faut recourir à la datation au carbone radioactif, aux variations saisonnières de proportions entre isotopes de l'oxygène et à la teneur en poussières spécifique de chaque couche annuelle.

Une bonne part des informations recueillies proviennent des gaz et des poussières mêlés aux cristaux de glace. Ces bouffées d'air des périodes glaciaires présentent une faible teneur en gaz carbonique, ce gaz qui permet à l'atmosphère de garder la chaleur solaire, et une forte quantité de poussières parfois volcaniques capables de réfléchir les rayons du soleil. Ces deux facteurs ont pu contribuer au refroidissement des glaciations, mais on ignore dans quelle mesure. A travers ces observations passionnantes, on devine combien la glace profonde recèle encore de secrets.

Un membre de l'expédition de 1977 à la plate-forme de Ross, dans l'Antarctique, transporte des paniers à échantillons vers un site de forage. Le trépan atteignit la mer à travers 413 mètres de glace. Des forages entrepris dans des portions terrestres de l'inlandsis ont atteint 2130 mètres.

Des gaz brûlants fusent de l'extrémité d'une
thermoforeuse utilisée pour percer la plate-forme
de Ross et capable de traverser ses 400 mètres
d'épaisseur en 9 heures. Mais le fluage continuel
de la glace obligeait sans cesse les scientifiques
à rouvrir le trou au bout de quelques jours.

Sur un site de forage établi sur l'inlandsis
groenlandais, des techniciens retirent un cylindre
de glace du tube de carottage en aluminium.
Sur la table, un échantillon, tronçonné et étiqueté.

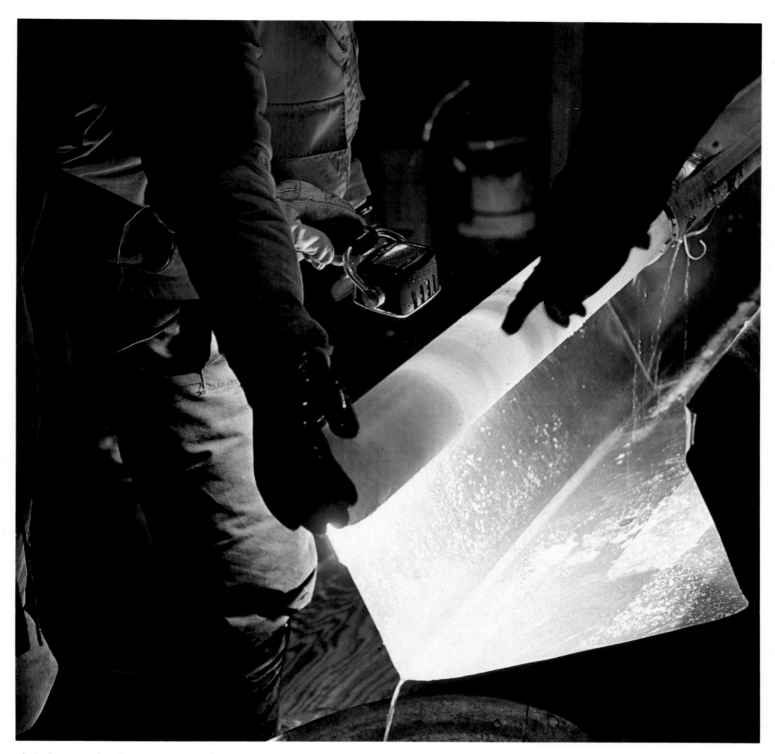

Placée devant une forte lampe, cette carotte de
glace du Groenland laisse apparaître des couches
sombres constituées par la fusion estivale. La
configuration des bandes annuelles permet de dater
les échantillons car elle indique la plus ou moins
grande sévérité du climat : plus les couches
de fusion sont étroites, plus l'été a été froid.

A l'abri d'une tranchée creusée dans l'inlandsis antarctique, ce scientifique découpe une tranche de glace destinée à des analyses chimiques. Sa tenue stérile évite que des minéraux déposés à l'état de traces sur sa peau ne risquent de contaminer l'échantillon.

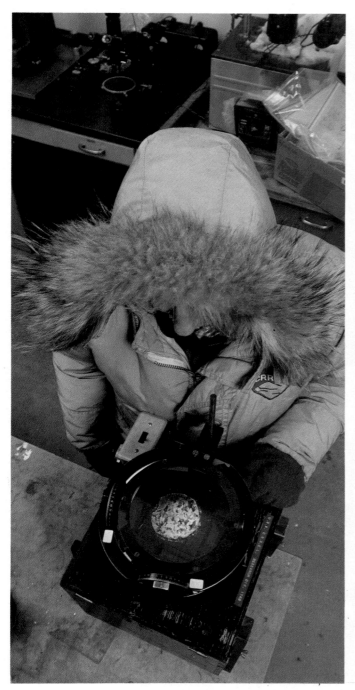

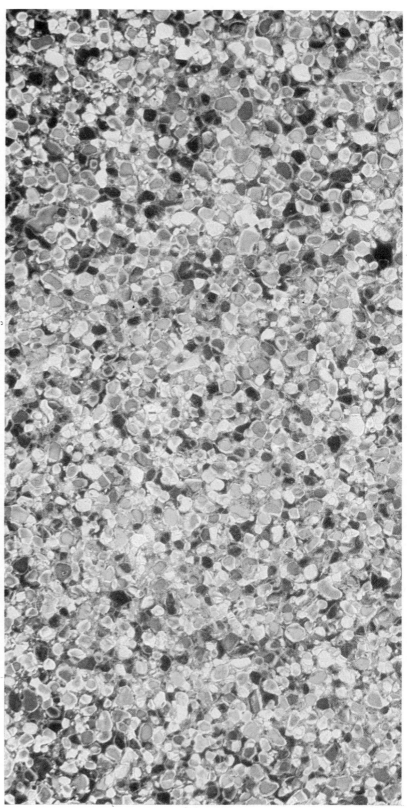

Sous la lumière polarisée, les cristaux d'une
pastille de glace antarctique déploient les couleurs
de l'arc-en-ciel (*ci-dessus*). La lumière polarisée
permet d'étudier les structures cristallines variables
de différents échantillons, tels que la neige
tassée pendant quelques années (*à droite*).

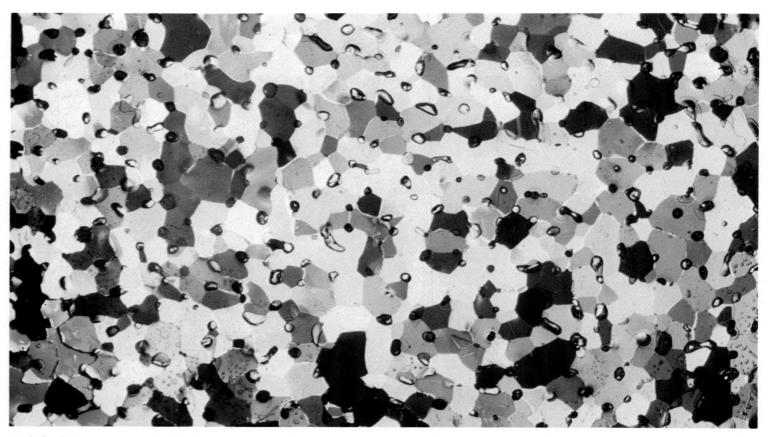

Des bulles d'air parsèment cet échantillon de glace antarctique
vieille de 500 ans, légèrement grossie et photographiée sous lumière
polarisée. Dans les spécimens plus profonds, la pression accrue
a diffusé cet air captif dans les cristaux et les bulles n'apparaissent pas.

De la glace déposée il y a 19000 ans, presque au plus fort de la
dernière glaciation, présente une bande de cristaux formés autour de
poussières retombant sur la terre après une éruption volcanique.

Sur cet échantillon de glace antarctique datant de
74 000 ans et extraite à 2 100 mètres de la surface,
les températures et la pression qui s'accroissent
au voisinage de la base de l'inlandsis ont remodelé
et fait fusionner les cristaux. A cette profondeur
on en trouve qui ont la taille d'une balle de golf.

Chapitre 4

LA THÉORIE ASTRONOMIQUE

Je ne me sens pas tenu de pourvoir à l'instruction élémentaire des ignorants et je n'ai jamais non plus essayé de contraindre quiconque à accepter ma théorie, que personne n'a pu prendre en défaut. » C'est avec cette confiance sereine qu'au début des années cinquante, Milutin Milankovitch répliquait à ceux qui refusaient son explication astronomique des glaciations — et qui commençaient, de fait, à la prendre en défaut.

Parmi ces sceptiques, certains météorologues reprochaient à Milankovitch de n'avoir pris en considération que la quantité d'énergie solaire reçue par les différentes parties du globe et négligé la capacité de l'atmosphère et des océans à emmagasiner et à faire circuler la chaleur. D'autres, des géologues, invoquaient des faits en contradiction avec les affirmations de Milankovitch. En 1953, par exemple, l'Allemand Ingo Schaefer publia les résultats d'une vaste étude des terrasses fluviales des Alpes. Près d'une cinquantaine d'années auparavant, les géographes allemands Albrecht Penck et Eduard Brückner avaient examiné ces terrasses et la chronologie des glaciations qu'ils en avaient dressée avait servi de soubassement à la théorie de Milankovitch. Et voici que Schaefer découvrait des mollusques d'eaux tièdes dans des cailloutis que Penck et Brückner assuraient avoir été déposés pendant une glaciation. Un grand nombre de scientifiques minimisèrent ces trouvailles, mais il n'en apparut pas moins tout à coup que le sol sur lequel Milankovitch avait édifié sa théorie perdait de sa stabilité.

L'avènement de la datation au carbone radioactif vint ébranler plus profondément encore les fondations de cette théorie en permettant aux géologues de déterminer avec une précision accrue l'âge des fossiles du Pléistocène. Cette méthode avait été mise au point à l'université de Chicago par Willard F. Libby. Celui-ci découvrit que les rayons cosmiques frappant l'atmosphère produisent des atomes de carbone radioactifs, ensuite absorbés par les animaux et les plantes, mais seulement pendant leur vie ; sitôt morts, le carbone radioactif absorbé se transforme en azote inerte. Libby constata que cette transformation s'effectue selon un taux directement fonction de l'âge des vestiges organiques. Au bout de 5 568 ans, la moitié du carbone radioactif contenu dans les vestiges s'est convertie en azote ; au cours des 5 568 années suivantes, la conversion affectera 50 p. cent du reste. Comme le taux de cette transformation est toujours de 50 p. cent par période de 5 568 ans, Libby en conclut qu'on pouvait calculer l'époque de la mort d'un organisme en mesurant la proportion de carbone radioactif qu'il contient encore.

Auparavant, beaucoup de géologues adeptes de la théorie astronomique se contentaient de dater les débris glaciaires — et donc d'établir la chronologie

Parmi les êtres vivants les plus vieux qui soient sur terre, les pins queue de renard, tel ce vétéran des White Mountains californiennes, recèlent dans leurs anneaux annuels des indications sur les conditions climatiques au cours des derniers 7000 ans. C'est à partir d'observations aussi partielles qu'on essaie d'identifier les causes des changements planétaires du climat.

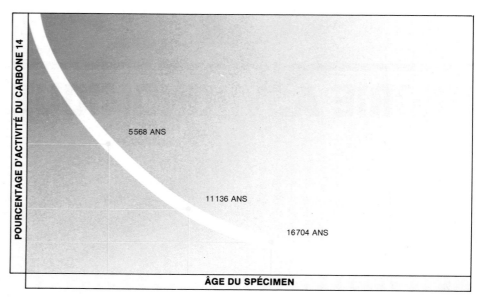

Cette courbe logarithmique montre le taux constant de désintégration du carbone 14 radioactif sur des millénaires. Ce phénomène s'amorce avec la mort d'un quelconque tissu. En 5568 ans, son taux de carbone 14 diminue de moitié. La moitié du reste se perd au cours des 5568 années suivantes et la désintégration se poursuit au même rythme pendant environ 45000 ans, la quantité de carbone radioactif devenant trop faible pour permettre une mesure et une datation.

des anciennes glaciations — sur la base des tableaux de radiation solaire de Milankovitch. Les quatre glaciations de l'hémisphère Nord déduites de l'étude des débris glaciaires et autres indices correspondaient donc, pensait-on, aux quatre plus récentes périodes de faible radiation estivale définies par Milutin Milankovitch. Armés de la nouvelle technique de Libby, les chercheurs se trouvèrent en mesure de dater précisément les matériaux abandonnés par les glaciers et de déterminer si les glaciations s'étaient réellement produites aux périodes prévues par la théorie astronomique.

Richard Foster Flint, géologue de l'université de Yale spécialisé dans le Pléistocène, fut parmi les premiers à appliquer aux phénomènes glaciaires la datation au carbone radioactif. Il recueillit des fragments de bois, d'ossements et d'autres matières organiques qui avaient été recouverts par l'inlandsis de la Laurentide lors de sa progression à travers le centre et l'est de l'Amérique du Nord et, en 1955, il démontra, en collaboration avec le géophysicien Meyer Rubin, qu'en la plupart des points l'inlandsis avait atteint sa plus grande extension il y a quelque 18000 ans ; son retrait avait commencé peu après pour s'accélérer vers −10000 ans.

Selon la courbe de Milankovitch, le plus récent minimum de radiation solaire se serait produit il y a 25000 ans. De nombreux scientifiques s'étonnèrent, s'il en était ainsi, que l'inlandsis n'ait atteint son plus grand développement que 7000 ans plus tard. Milankovitch avait lui-même prévu de tels décalages et expliqué qu'il fallait bien 5000 ans à un massif inlandsis pour réagir à une altération du bilan thermique de la terre ; un délai supplémentaire de 2000 ans semblait admissible. Mais un nouveau problème se présenta lorsqu'une équipe de chercheurs étudiant le sol de l'Illinois découvrit une couche de tourbe que l'on put dater à −25000 ans. Elle résultait de la décomposition de végétaux qui n'avaient pu croître que durant une période relativement tiède. Les spécialistes ne tardèrent pas à découvrir plusieurs dépôts similaires datant de la même époque en d'autres régions d'Amérique du Nord et d'Europe, imposant la conclusion que l'hémisphère Nord ne pouvait avoir été aussi froid alors que Milankovitch le prétendait.

Inlassablement, les géologues soumirent donc la théorie astronomique à l'épreuve de la datation au carbone radioactif et la trouvèrent défaillante. Au cours des années soixante, on repéra des troncs d'arbres postglaciaires et des briques de l'époque romaine dans des dépôts de gravier censés, d'après Penck et Brückner, remonter à 20000 ans. Plus gênant encore, dans les cailloutis non déplacés d'origine prétendument glaciaire, un chercheur tchèque découvrit

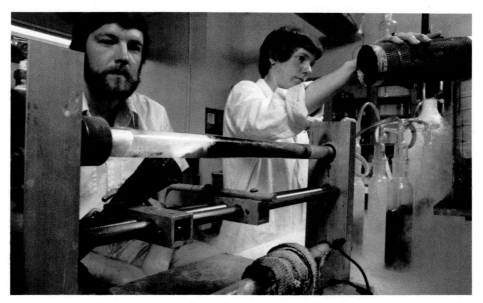

une pièce rouillée provenant d'une bicyclette. La chronologie des glaciations grâce à laquelle Wladimir Köppen et Alfred Wegener avaient cru pouvoir confirmer l'hypothèse de Milankovitch semblait ruinée sans recours.

Milutin Milankovitch mourut en 1958, toujours convaincu d'avoir percé le secret des glaciations. Peu après, sa théorie ne comptait plus qu'une poignée de partisans. La plupart des scientifiques l'avaient rejetée et les théories de remplacement se multipliaient.

L'hypothèse avancée en 1964 par le Néo-Zélandais Alex T. Wilson fut parmi les plus largement débattues. Ce glaciologue soutenait et démontrait que les glaciations sont provoquées par les inlandsis eux-mêmes, selon un scénario relativement simple. Pendant les milliers d'années où l'inlandsis de l'Antarctique s'épaissit et s'alourdit sous la neige accumulée, la pression exercée sur les couches inférieures de la glace s'accroît. Or tout accroissement de pression appliqué à la glace abaisse son point de fusion; de sorte que la base de l'inlandsis peut finir par se mettre à fondre bien que sa température soit inférieure à 0°C. Comme l'eau sous-glaciaire joue le rôle d'un lubrifiant, Wilson imagina que le mouvement de l'inlandsis antarctique tout entier s'était alors accéléré et que la glace, glissant à présent sur le socle rocheux, s'était répandue vers l'extérieur, dans les océans environnants. Là, à mesure qu'elle s'étendait et se fractionnait, elle réfléchissait dans l'espace une part croissante du rayonnement solaire et provoquait un rapide refroidissement de l'hémisphère Sud, propagé vers le nord par l'intermédiaire des vents et des courants marins. Il en serait résulté une altération radicale des climats et la formation d'inlandsis dans l'hémisphère Nord. En quelques milliers d'années, selon Wilson, vingt millions de kilomètres carrés de l'Amérique du Nord et de l'Eurasie se seraient ainsi trouvés ensevelis sous les glaces.

Wilson s'attacha également à expliquer comment les glaciations prennent fin. Cette fois, encore, il trouva la réponse dans le comportement de la glace. Le surgissement massif de la glace froide de la calotte centrale ramène la base de l'inlandsis au-dessous de son point de fusion; la lubrification par l'eau cessant, la glace n'avance plus dans l'océan, les plates-formes glaciaires flottantes régressent et fondent, et l'énergie solaire qu'elles réfléchissaient réchauffe à nouveau les océans de l'hémisphère Sud. Cette chaleur, transférée à ceux du Nord, puis aux continents, provoque la fusion des inlandsis américains et européens. Une époque glaciaire a pris fin sur terre.

Fort séduisant assurément. Cette théorie, tout à fait plausible, expliquait en outre la nature cyclique des glaciations. L'étude des avances catastrophiques de glaciers montre qu'après le transfert massif de glace d'une altitude élevée à une moindre où la fonte est plus rapide, le glacier recule jusqu'à ce qu'assez de neige se soit accumulée pour déclencher une nouvelle avance. Le Bruarjokull, glacier émissaire du Vatnajokull, la calotte qui recouvre le sud-est de l'Islande, a connu une avance catastrophique à la fin du XIXᵉ siècle, suivie d'un recul de 70 ans et d'une nouvelle avance en 1963 ; il en est ainsi tous les 70 ou 100 ans depuis 350 ans. En Autriche le glacier Vernagt en a présenté quatre depuis l'année 1599, à des intervalles de 79, 93 et 74 ans, soit tous les 82 ans en moyenne. Mais celle que l'on attendait, d'après les calculs effectués, pour 1927 ne s'est toujours pas réalisée.

Il semblait raisonnable de supposer qu'un inlandsis aussi massif que celui de l'Antarctique se dilatait et se rétractait beaucoup plus lentement, peut-être à des intervalles coïncidant avec la succession des glaciaires et interglaciaires du Pléistocène. Mais les faits que l'on peut invoquer à l'appui de la thèse de Wilson ne sont pas entièrement convaincants. Personne n'a observé d'avance catastrophique en Antarctique et la probabilité qu'il s'en produise une dans l'avenir ne peut être qu'inférée à partir des calculs indiquant que la glace inférieure du centre de l'inlandsis se trouve proche de son point de fusion et des observations montrant que certaines portions de l'intérieur de l'inlandsis on déjà atteint ce point précis.

En 1970, les Britanniques Hubert Lamb et Alastair Woodroffe avancèrent ce qu'on appela l'explication des glaciations par le « snowblitz ». Au départ d'une glaciation, rien de plus spectaculaire, selon eux, qu'une série d'hivers très rudes. Imaginons, proposaient-ils, que l'Europe des hautes latitudes connaisse plusieurs années de suite des hivers sévères et des étés frais. Si la couverture neigeuse des régions hautes est assez épaisse pour passer l'été, la réflectivité accrue abaissera les températures atmosphériques, davantage de précipitations tomberont sous forme neigeuse et une part moindre de la neige fondra. La détérioration initiale du temps va s'amplifier jusqu'à ce que des inlandsis se créent en plaines aux hautes latitudes.

L'histoire, cependant, ne confirme guère cette théorie. Le Moyen Age connut bien une série d'hivers et d'étés anormalement froids qui dura plusieurs siècles ; mais s'il en résulta une expansion des glaciers de l'hémisphère Nord, un réchauffement ne s'en produisit pas moins assez vite.

Selon d'autres théories, des modifications de l'atmosphère terrestre pourraient expliquer le déclenchement et l'arrêt des glaciations. Elles se rattachent pour la plupart à deux groupes ; l'un met en relief une réduction de l'efficacité des mécanismes par lesquels l'énergie radiante est retenue dans l'atmosphère, l'autre un accroissement de la réflectivité de celle-ci.

De l'énergie thermique rayonnée par la surface de la planète, le tiers environ seulement s'échappe dans l'espace ; le reste est absorbé par des gaz de l'atmosphère avant d'être réémis. Quelque 42 p. cent de la chaleur retenue est piégée par la vapeur d'eau et le gaz carbonique. Ces substances créent ce qu'on appelle un effet de serre : tout comme le verre d'une serre, elles laissent passer librement le rayonnement solaire incident à ondes courtes mais absorbent l'énergie à grandes longueurs émanant de la surface terrestre. Bien que la vapeur d'eau soit responsable de la plus grande partie de cette capture d'énergie, il semble improbable que son absence puisse jamais provoquer une glaciation. L'astronome britannique Fred Hoyle a fait remarquer que la température moyenne de la terre, 15 °C, est plus que suffisante pour assurer le taux d'évaporation nécessaire au maintien d'une couche de vapeur d'eau capable de piéger l'énergie. Si les températures baissaient nettement, on pourrait concevoir que la quantité de vapeur d'eau contenue dans l'atmosphère atteigne un niveau critique ; mais alors, la destruction de ce piège à énergie serait l'effet d'un changement climatique majeur et non sa cause.

Le gaz carbonique est un piège à chaleur plus efficace que la vapeur d'eau ; bien qu'il ne représente que 0,3 p. cent de l'atmosphère, il absorbe 15 p. cent de l'énergie irradiée par la terre. La disparition totale de ce piège à chaleur ferait tomber la température moyenne de la terre à $-2,75°$ C. On voit donc qu'une perte même légère du gaz carbonique atmosphérique pourrait déclencher une glaciation, ainsi que s'attachent à le montrer divers scénarios à sensation. Selon l'un d'eux, une série d'éruptions volcaniques et d'incendies de forêt accroît la teneur de l'atmosphère en gaz carbonique, entraînant d'abord un bref réchauffement du climat et un accroissement de la végétation. Mais comme ces végétaux supplémentaires absorbent davantage de gaz carbonique, le volume de ce gaz présent dans l'atmosphère diminue ensuite, ce qui provoque un refroidissement, accentué par une diminution corrélative de l'efficacité de la vapeur d'eau comme piège à énergie. La terre entre dans une période glaciaire. Mais l'abaissement des températures du globe et l'expansion des inlandsis fait disparaître une grande partie des végétaux de la planète en libérant du gaz carbonique dans l'atmosphère. Les pièges à rayonnement sont reconstitués, les températures s'élèvent et la glaciation prend fin.

Ce modèle, apparemment ingénieux, n'en est pas moins simpliste. Si les plantes absorbent une part du gaz carbonique atmosphérique, elle est lentement compensée par les dégagements provenant des océans et d'autres sources, parmi lesquelles l'activité digestive des termites, qui produit, pense-t-on, deux fois plus de gaz carbonique que l'utilisation des combustibles fossiles. Il faudrait que disparaisse la quasi-totalité du gaz carbonique pour qu'une glaciation se déclenche, ce qui provoquerait une réduction catastrophique de la vie végétale et par conséquent animale. Aucun indice de tels événements n'accompagne le début des glaciations.

De toutes les théories fondées sur un accroissement de la réflectivité atmosphérique, il en est une qui n'a cessé de retenir l'attention depuis que Benjamin Franklin en a émis l'idée au XVIIIe siècle. Il s'agit de l'hypothèse que les refroidissements climatiques puissent être causés par des éruptions volcaniques. Si au départ tout accroissement dramatique de l'activité volcanique se traduit à court terme par un réchauffement de l'atmosphère, dû à l'augmentation de sa teneur en gaz carbonique, le résultat de cette éruption sera finalement de refroidir la planète car les énormes quantités de poussières projetées réfléchissent la lumière solaire et servent de noyaux de condensation pour la formation des nuages.

On a pu mesurer les effets climatiques des éruptions volcaniques. En 1815, par exemple, le mont Tambora, volcan situé dans une île à l'est de Java, explosa avec une exceptionnelle violence et projeta environ 100 kilomètres cubes de débris dans l'atmosphère, de quoi plonger dans l'obscurité pendant trois jours des milliers de kilomètres carrés.

Près d'un siècle et demi plus tard, deux Américains, Henry et Elizabeth Strommel, compulsèrent les archives météorologiques d'Europe et d'Amérique à la recherche de l'impact de cette éruption. Ils constatèrent que, l'année qui suivit, New Haven, dans le Connecticut, avait connu le mois de juin le plus frais dont on se souvînt et Genève, en Suisse, l'été le plus froid depuis

1753. En Nouvelle-Angleterre, les récoltes de 1816 furent désastreuses, le maïs et le foin ayant gravement pâti des mauvaises conditions climatiques. Les gens du pays baptisèrent cette année : « Dix-huit cents morts de froid ».

En 1883, l'éruption du Krakatoa fournit d'autres indices des répercussions du volcanisme sur le climat. La titanesque explosion de cette île indonésienne, audible à 3 500 kilomètres de là, en Australie, mit 300 mètres d'eau à la place d'une terre et détruisit 300 agglomérations. A l'autre bout du monde, à Montpellier, les météorologistes constatèrent une diminution de 10 p. cent du rayonnement solaire atteignant la surface terrestre et cela pendant trois ans après l'éruption. Une autre éruption dévastatrice, en 1963 à Bali, fut suivie d'une baisse de 5 p. cent du rayonnement solaire à Prétoria, en Afrique du Sud. Mais aucun de ces cataclysmes n'engendra un abaissement durable des températures, sans même parler de glaciation. A chaque fois, il ne fallut que 13 ans pour que soit dispersée la poussière volcanique formant écran ; le réservoir de chaleur constitué par les océans est à même de maintenir la température du globe pendant une période à peu près équivalente, rendant négligeables les effets à long terme sur le climat de la planète.

Définir exactement la relation entre le volcanisme et les glaciations demandera encore bien des recherches. Selon des spécialistes, il faudrait au moins un millénaire d'activité volcanique intense pour engendrer une glaciation. De fait, on a trouvé des indices de nombreuses éruptions volcaniques accompagnant le début de la dernière glaciation mais rares sont les scientifiques qui se risqueraient à voir là sa cause unique.

La quête de l'origine des glaciations a tout naturellement conduit à un examen attentif du soleil lui-même, source de toute chaleur sur terre, à une infime fraction près. Bien qu'il semble un modèle de fiabilité, le soleil a une émission de chaleur qui varie en fonction des processus violents dont sa masse effervescente est le siège.

On relie les variations solaires à la croissance et à la décroissance des taches solaires, zones d'activité perturbée, visibles à l'œil nu au couchant qui semblent plus sombres que le reste de l'astre parce qu'elles sont moins chaudes. Depuis l'invention des télescopes au XVIIe siècle, les astronomes ont remarqué que l'activité des taches solaires suivait des cycles d'environ onze ans. Ils en ont postulé d'autres plus longs, de 89 et de 178 ans, et supposent qu'il en est d'encore plus longs. Les climatologistes ont tenté de lier ces cycles aux changements climatiques, mais mis à part une possible corrélation entre l'activité des taches solaires et un accroissement de la pluviosité dans certaines parties du globe, aucune conclusion ne s'est imposée.

Une ironique mise en garde contre la tentation d'attacher trop d'importance aux effets des taches solaires fut formulée en 1973 par le Britannique J.W. King, dont la passion pour la science n'avait d'égale que celle qu'il éprouvait pour le jeu de cricket. Selon lui, les renseignements fournis par le *Wisden Cricketers' Almanack* — la bible des adeptes de ce sport — « peuvent servir à montrer que, sur les 28 cas où des joueurs ont totalisé 3 000 points en une saison en Angleterre, 16 ont correspondu à des années d'activité maximum et minimum des taches solaires ; les cinq années dans lesquelles ce phénomène exceptionnel s'est produit plus d'une fois étaient toutes des années de maximum ou de minimum d'activité des taches solaires. De même, 13 des 15 cas où un *batsman* a fait 1 300 points ou plus en une saison se sont rapportés, exactement ou à moins d'un an près, à des années de minimum ou de maximum d'activité des taches solaires. »

Ce froid qui nous vient des volcans

Parmi les causes possibles des glaciations aucune n'a été aussi spectaculairement mise en évidence à l'époque historique que les changements climatiques dus aux grandes éruptions volcaniques.

Benjamin Franklin fut peut-être le premier à se douter que les volcans puissent affecter le climat. En 1784, il suggéra un lien possible entre une éruption cataclysmique survenue en Islande l'été précédent et la brume qui avait enveloppé la terre et tellement affaibli les rayons du soleil que cet hiver fut, nota Franklin, «le plus sévère qu'on eut connu depuis bien des années».

Avec les éruptions du volcan mexicain El Chichón du 28 mars au 4 avril 1982, à nouveau, un nuage propre à altérer le climat se répandit autour du globe. Les éruptions d'El Chichón furent modestes, mais en raison des conditions atmosphériques, de la composition chimique du magma et de la direction verticale des émissions, ces éruptions projetèrent en haute altitude un nuage de gaz et de cendres au moins 20 fois plus massif que celui qu'avait libéré en 1980 l'éruption du mont St. Helens.

Ce nuage consistait essentiellement en anhydride sulfureux. Après une éruption, les cendres ne tardent pas à s'agglutiner et à retomber sur la terre, mais le gaz reste suspendu pendant des années et ne se diffuse que peu à peu autour de la planète à une altitude de 16 à 29 kilomètres. L'anhydride sulfureux se combine avec l'humidité atmosphérique pour former une couche de goutelettes d'acide sulfurique faisant un écran aux rayons solaires, ce «brouillard universel» dont parlait Franklin en 1784.

On a calculé que les éruptions mexicaines feraient baisser les températures moyennes de 0,25°C l'hiver suivant. Si un tel phénomène est loin de suffire à déclencher une nouvelle glaciation, il est des spécialistes pour penser que des centaines d'éruptions se succédant pendant de nombreux siècles pourraient provoquer une expansion des inlandsis.

Derrière ce paysan pressé de s'éloigner, une colonne de gaz et de cendres fuse pendant une éruption du volcan mexicain El Chichón le 2 avril 1982. Deux jours plus tard, gaz et débris atteignirent 29 kilomètres d'altitude.

Ces photos prises par un satellite météorologique le 4 avril 1982 montrent le jet de gaz et de cendres d'El Chichón d'abord comme un petit rond blanc (*à gauche*) puis, six heures après, comme un immense nuage (*au centre*) s'étendant presque jusqu'à Cuba (*à droite*).

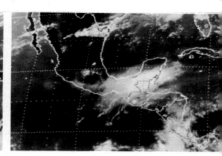

Dans le Wyoming, des spécialistes gonflent à l'hélium un ballon-sonde qui va s'envoler dans la haute atmosphère (*ci-dessous*). Des aérostats emportant des compteurs de particules (*à droite*) ont été envoyés à l'intérieur de la couche de débris provenant d'El Chichón pour mesurer la densité de ce nuage encerclant la terre.

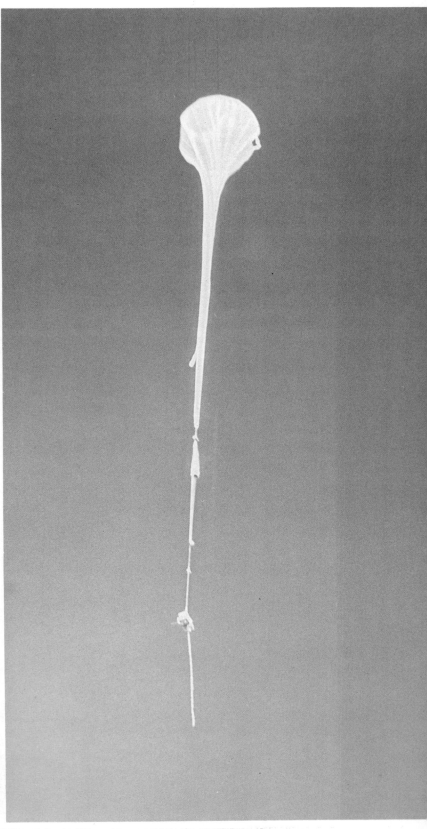

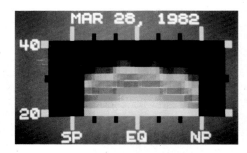

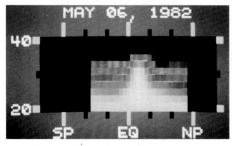

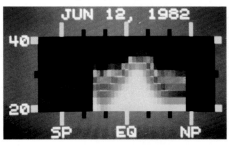

Cette coupe de la stratosphère d'un pôle à l'autre, établie par ordinateur à partir de relevés infrarouges effectués par satellite juste avant les éruptions d'El Chichón (*en haut*) puis après à intervalles d'un mois (*au centre et en bas*), retrace la diffusion des émissions du volcan. Le 12 juin, le nuage était encore à 29 kilomètres d'altitude et avait pénétré dans l'hémisphère Sud.

Photographié depuis les pentes du cratère d'Haleakala, à Hawaï, le clair soleil d'août 1980 (*ci-contre, en haut*) contraste avec le soleil laiteux et diffus de juillet 1982 (*ci-contre*): les éruptions d'El Chichón ont créé en haute altitude une nuée obscurcissant certaines parties du globe.

La boutade de King est fort pertinente. Quand on s'efforce d'établir une corrélation entre des phénomènes réels ou théoriques tels que taches solaires, snowblitz, éruptions volcaniques, avances catastrophiques d'inlandsis et transformations de l'atmosphère avec la chronologie des glaciations, le résultat est à peine plus satisfaisant que quand il s'agit de scores de cricket. Il est devenu de plus en plus évident que les changements climatiques conduisant à une glaciation sont le produit de différents types de facteurs opérant de différentes façons et sur des échelles de temps très différentes. Même si on pouvait les isoler tous pour mesurer leur impact, il faudrait une batterie de puissants ordinateurs travaillant pendant des décennies pour calculer les répercussions climatiques en tel ou tel point du temps et de l'espace.

Et pourtant il s'avère qu'une théorie réalise cet idéal — et, ironiquement, c'est cette fameuse thèse astronomique proposée par Joseph Adhémar en 1842, puis par James Croll en 1864 avant d'être affinée dans les premières décennies du XXᵉ siècle par Milutin Milankovitch.

Même après que la plupart des scientifiques se furent détournés de la théorie astronomique pour rechercher d'autres explications au déclenchement des glaciations, certains continuèrent leur quête des indices propres à corroborer les tableaux de variation du rayonnement solaire établis par Milankovitch. Déçus par le travail à terre, où l'histoire glaciaire exige la compilation de données provenant de nombreux sites, les géologues cherchèrent un terrain où les conditions aient été stables pendant tout le Pléistocène et offrant suffisamment de témoins significatifs et datables pour fournir une chronologie ininterrompue des événements climatiques. Finalement, ils le trouvèrent au fond des océans, sur les plaines abyssales couvertes d'épais lits de sédiments déposés à une cadence à peu près constante.

Les scientifiques n'ont cessé de sonder les profondeurs océaniques depuis 1872, quand le *Challenger* quitta l'Angleterre pour une mission de recherches dans le monde entier. Après trois années passées en mer, le navire rapporta une telle moisson d'informations que leur compilation et leur publication occupa 50 volumes, dont le dernier ne parut qu'en 1895. Certaines de ces innombrables observations concernaient les foraminifères, minuscules organismes planctoniques qui édifient des coquilles divisées en loges à mesure qu'ils se développent. Le rapport mentionnait notamment qu'on en trouve dans tous les océans, mais certaines espèces seulement dans les eaux chaudes et d'autres uniquement dans les eaux froides.

Cette trouvaille allait se révéler décisive pour la future étude des glaciations; l'examen des séquences de foraminifères sur le fond marin indiquerait si l'océan était chaud ou froid à l'époque où ces créatures sont mortes. Quelques années auparavant, James Croll avait déjà fait remarquer qu'une histoire du climat — et donc des glaciaires — pourrait se fonder sur l'étude des squelettes, coquilles et autres vestiges « ensevelis au fond des océans sous des centaines de pieds de sable, de boue et de gravier ».

Il fallut malheureusement bien des années avant que les scientifiques ne diposent des techniques de carottage permettant de prélever au fond des mers des échantillons assez longs pour mettre en évidence les variations climatiques sur une période étendue. Pourtant, à l'époque, ils réussirent à extraire des carottes d'un mètre de long environ, en enfonçant dans les sédiments de lourds segments de tubes. Des échantillons prélevés de la sorte au fond de l'Atlantique dans les années vingt permirent au paléontologue allemand

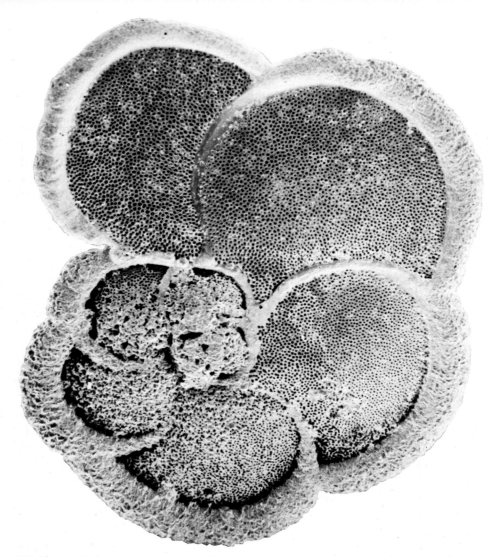

Wolfgang Schott une constatation importante. Dans ces sédiments, il put distinguer trois couches. Celle du dessus, la plus récente, contenait une forte concentration d'espèces liées à un climat chaud, notamment *Globorotalia menardii*. La seconde, plus ancienne, était riche en espèces de climat froid et *menardii* était complètement absente. Mais on la retrouvait, ainsi que d'autres animaux de climat chaud, dans la troisième couche. Schott en déduisit donc que l'horizon intermédiaire avait été déposé au cours de la dernière glaciation, quand l'océan Atlantique était froid, et les deux autres, pendant l'interglaciaire précédent et l'interglaciaire actuel.

Mais avant toute conclusion générale, l'étude d'échantillons plus longs s'imposait, ce qui devint possible du jour où, en 1947, l'océanographe suédois Björe Kullenberg conçut un tube capable d'effectuer des carottages de 15 mètres de long — soit des échantillons couvrant des centaines de milliers d'années —, en combinant la succion des sédiments avec l'enfoncement du tube. Bientôt des navires de recherche océanographique rapportèrent de tels échantillons, notamment pour le Lamont Geological Observatory de l'université Columbia. Quand David B. Ericson, membre de cet institut, les examina, il constata à la suite de Schott que des couches à *menardii* alternaient avec des couches à foraminifères d'eau froide. Il se convainquit que les dépôts à *menardii* correspondaient à des interglaciaires et les autres à des glaciations. Les géochimistes du Lamont Observatory déterminèrent que la transition entre la couche supérieure, riche en *menardii* et le niveau suivant s'était effectuée rapidement il y a quelque 11 000 ans. Ericson observa que la chronologie de ce passage du chaud au froid coïncidait avec celle obtenue par la datation au carbone 14 des débris glaciaires terrestres. Dans une communication présentant leurs observations, les chercheurs du Lamont estimèrent que « de nouvelles corrélations entre événements maritimes et terrestres survenus pendant cet intervalle pourraient permettre la compréhension de certains des facteurs responsables des glaciations ».

Pendant ce temps étaient entreprises des recherches parallèles comportant l'analyse chimique des foraminifères. La méthode utilisée avait été suggérée en 1947 par Harold Urey, de l'université de Chicago, lauréat du prix Nobel. Elle consistait à mesurer la proportion de deux isotopes de l'oxygène — atomes presque identiques, ne différant que par leur poids atomique — prélevés dans l'eau de mer par les squelettes et les coquilles d'organismes marins. Urey et ses collaborateurs avaient constaté que ceux qui vivent en eau froide comportent une proportion plus forte de l'isotope le plus lourd, l'oxygène 18 ou O-18, que ceux qui subsistent en eau chaude. Ces derniers ont un taux plus élevé d'O-16, l'isotope le plus léger.

Dans les années cinquante, le géologue italo-américain Cesare Emiliani appliqua la méthode d'Urey à huit échantillons des grands fonds. Après avoir daté au radiocarbone les sections supérieures des carottes et estimé les vitesses de sédimentation, Emiliani en conclut qu'il n'y avait pas eu moins de sept épisodes glaciaires-interglaciaires complets au cours des derniers 300 000 ans et que leur succession dans le temps coïncidait assez bien avec les variations calculées par Milankovitch. Dans ses grandes lignes, le travail d'Emiliani concordait également avec les observations d'Ericson ; mais il en divergeait sur certains points importants : des périodes désignées comme chaudes par l'étude des foraminifères se révélaient froides par la méthode d'Emiliani.

Le débat prit une telle ampleur que la National Science Foundation tint en 1965 une session spéciale pour lui chercher une issue. John Imbrie, alors professeur de géologie à l'université Columbia, y assistait et devait raconter l'histoire de la controverse et de ses suites dans son livre *Ice Ages : Solving the Mystery* (Les Glaciations : la solution du mystère). Il nota qu'Ericson et Emiliani avaient totalement négligé la possibilité que des facteurs autres que la température puissent faire varier les concentrations de foraminifères. Il décida donc d'élaborer une technique d'analyse qui prît en compte la salinité de l'eau ou la quantité de nourriture disponible, par exemple, en plus de la température hivernale et estivale de l'eau.

Lors d'une conférence tenue à Paris en 1969, Imbrie présenta les résultats qu'avec son collaborateur, Nilva Kipp, ils avaient obtenus lors de l'étude d'un échantillon caraïbe par la méthode multifactorielle. Alors qu'Emiliani avait estimé que la température des eaux de surface en mer des Caraïbes avait chuté de 6° C au cours de la dernière glaciation, Imbrie avec sa nouvelle méthode ne trouvait qu'une baisse de moins de 2 °C.

En outre, lorsque Imbrie et Kipp étudièrent le rapport O-16 / O-18 dans une carotte examinée auparavant par leur collègue David Ericson, toutes les zones que ce dernier avait répertoriées comme froides se révélèrent chaudes tant par la méthode des isotopes que par la méthode multifactorielle. « Apparemment, nota John Imbrie, des facteurs d'environnement autres que la température des eaux superficielles (mais souvent en corrélation avec elle) provoquent l'apparition et la disparition cycliques de *Globorotalia menardii* dans les eaux profondes de l'océan Atlantique.

Imbrie présenta sa communication un délicieux vendredi après-midi où

Paris avait apparemment fait une concurrence déloyale à la science car il ne se trouva que deux personnes pour l'écouter, l'une qui ne comprenait pas l'anglais et l'autre, un jeune géophysicien britannique du nom de Nicholas Shackleton. Imbrie et Shackleton purent constater que leurs recherches indépendantes les avaient conduits à une même réponse au problème : les changements de proportions entre les isotopes de l'oxygène dans les fossiles marins sont dus principalement aux fluctuations dans la dimension des inlandsis et non aux variations de température de la mer. Cette conclusion se fondait sur le fait qu'O-18 étant plus lourd qu'O-16 les molécules d'eau qui contiennent O-18 ne s'évaporent pas aussi aisément ; la vapeur d'eau qui s'élève des océans pour retomber sous forme de précipitations contient donc moins d'O-18 que les océans eux-mêmes. Si cette eau déficiente en O-18 se trouve fixée à terre dans les inlandsis, la proportion d'isotopes lourds contenus dans l'eau de mer s'élève et cet accroissement se retrouvera dans la proportion des deux isotopes présents dans les foraminifères.

Il ne fallut que peu d'années pour que cette théorie se trouvât confirmée au-delà de ce qu'avaient pu rêver Imbrie et Shackleton.

Pendant ce temps, des scientifiques de diverses autres disciplines travaillaient sur la chronologie des glaciations en utilisant une nouvelle technique de datation, précise jusqu'à −150 000 ans, qui mesure le taux de désintégration de l'uranium contenu dans le carbonate de chaux, substance présente dans des matières telles que le calcaire, les coraux et les coquilles de mollusques. Nombre de ces chronologies paraissaient valider la courbe de radiation de Milankovitch. En 1965, par exemple, le géochimiste Wallace S. Broecker rapporta certaines observations intéressantes faites par lui et ses collègues à l'occasion de la datation de récifs coralliens fossiles dans les Keys de Floride et les Bahamas. Les coraux ne pouvant croître qu'à certaines profondeurs, ils fournissent un indice précis des anciens niveaux marins. Les travaux de Broecker montraient que la mer avait été beaucoup plus haute il y a 120 000 et 80 000 ans, probablement pendant des périodes de climat doux où la fonte des inlandsis avait libéré d'énormes quantités d'eau. De même, le niveau marin actuel est bien plus élevé que pendant les grandes glaciations ; et Broecker fit observer que ces trois périodes connues de niveau marin élevé correspondent précisément aux périodes de réchauffement calculées par Milankovitch dans sa courbe de radiation pour 65° de latitude nord.

D'autres observations du même ordre ne tardèrent pas à s'ajouter à celles-ci. Le géologue Robley K. Matthews, de l'université Brown, procédant à l'étude des terrasses littorales des Barbades, constata que ces terrasses en marches d'escalier consistaient en récifs coralliens formés à différents niveaux marins ; l'une se situait à −80 000 ans et une autre à −125 000 ans, ce qui correspondait presque parfaitement avec les observations de Broecker. Mais il releva également une terrasse intermédiaire, qui fournissait un indice d'un haut niveau marin il y a environ 105 000 ans.

Malheureusement pour les fidèles de la théorie astronomique, la courbe de Milutin Milankovitch ne signalait aucun maximum de radiation pour cette époque – du moins pas à 65° de latitude nord où ces maximum sont séparés par des intervalles de quelque 41 000 ans. Mais quand Broecker, intrigué par cette apparente anomalie, poussa plus loin son examen des courbes de Milankovitch, il s'aperçut que celles des latitudes inférieures comportaient des maximum correspondant à toutes les dates attribuées aux terrasses des Barbades. A ces latitudes, apparemment, les 22 000 ans du cycle de la

Les révélations des bancs de coraux

Édifiés par des êtres vivants, les récifs coralliens traduisent avec précision les changements du climat et du milieu. La croissance du corail, comme celle des arbres, se fait par couches annuelles. Chaque année, les polypes coralliens — des animalcules marins — déposent une couche d'un calcaire pâle, habituellement de 6 à 12 millimètres d'épaisseur, suivie d'une formation pelliculaire plus dense et plus sombre parfaitement visible sur les photos aux rayons X.

Une croissance optimum exige ensoleillement, bonne qualité de l'eau et température favorable. Lorsqu'un froid intense ou une pollution de l'eau, par exemple, inhibent le développement du corail, une bande anormalement sombre apparaît dans la couche calcaire annuelle. Ces bandes traduisent donc une détérioration du temps et permettent aux spécialistes de dater par recoupements des échantillons provenant de différentes formations coralliennes.

On a utilisé des échantillons de coraux vivants pour suivre sur plusieurs centaines d'années l'évolution passée du climat. Une carotte de 3 mètres de long extraite d'un récif au large des Keys de Floride a fourni la chronique des perturbations et des fronts froids sur 360 ans ainsi que des traces de pollution atmosphérique dues à l'industrie et de retombées radioactives des essais de bombes nucléaires dans l'atmosphère.

Dans les coraux fossiles, la séquence des anneaux de croissance peut s'étendre de façon incroyable : on en a observé dans du calcaire vieux de 360 millions d'années. Bien que présentement des échantillons aussi anciens ne puissent être datés avec précision, on arrivera peut-être un jour à établir des séquences recouvrant des dizaines de milliers d'années. Leur étude aux rayons X et l'analyse de leur teneur en isotopes de l'oxygène indiquant le volume des glaces sur la terre permettront alors de retracer l'expansion et le retrait des inlandsis avec une précision jamais atteinte.

Un plongeur extrait d'un récif corallien au large des Philippines un échantillon qui permettra, dans le cadre d'une étude, de connaître les effets des forages pétroliers sur la croissance des coraux.

Un chercheur retire un échantillon de corail d'une foreuse à tête de diamant. Pour empêcher les organismes marins d'attaquer les coraux vivants par le trou de carottage, celui-ci sera obturé ensuite au moyen d'un solide tampon de ciment.

La croissance annuelle du corail apparaît sur cette photo aux rayons X d'une lamelle, prélevée longitudinalement sur un échantillon de corail. Chaque ligne fine et sombre divisant l'échantillon marque la fin d'une année de croissance.

précession des équinoxes avaient suffisamment d'influence pour moduler les effets des oscillations de l'axe terrestre. L'examen des terrasses coralliennes qui fut entrepris à Hawaï et en Nouvelle-Guinée permit des observations similaires, d'où il ressortait que la théorie astronomique rendait bien compte des périodes de haut niveau marin.

Sur un autre front, des chercheurs s'efforçaient d'affiner les chronologies géologiques en mettant en correspondance les inversions du magnétisme des sédiments sous-marins. Dans la plupart des roches, de minuscules particules de fer se magnétisent définitivement en s'alignant avec les pôles magnétiques terrestres tels qu'ils existent au moment où la roche se forme et ce même processus a été tout récemment observé dans les sédiments océaniques. Le phénomène de l'inversion du champ magnétique, causé probablement par des perturbations du noyau en fusion, a été découvert en 1906 par Bernard Brunhes, un géophysicien français qui constata que les particules ferrugineuses d'une ancienne coulée de laves présentaient une interversion des pôles magnétiques nord et sud. Dans les années soixante, des chercheurs utilisant la nouvelle technique de datation potassium-argon (qui mesure le taux selon lequel un isotope radioactif du potassium recélé dans les roches se transforme en un isotope de l'argon) déterminèrent que la terre a inversé son champ magnétique un certain nombre de fois au cours des quatre derniers millions

Ces terrasses calcaires sur la côte nord de la Papouasie, en Nouvelle-Guinée, signalent les fluctuations considérables du niveau marin au cours des 125 000 dernières années. L'âge de ces terrasses, déterminé en 1974, a corroboré les dates des réchauffements interglaciaires données par Milutin Milankovitch dans son explication astronomique des glaciations.

d'années, la plus récente se situant il y a quelque 700 000 ans. Tous les sédiments déposés depuis cet événement, qui inaugure ce qu'on appelle l'Époque de Brunhes, ont une inclinaison magnétique « normale » ; les couches déposées pendant les 300 000 années précédentes présentent une inclinaison « inverse ». Auparavant encore, elle était normale.

Comme les sédiments marins et terrestres du monde entier ont la même histoire magnétique, la détermination des moments d'inversion permet de mettre en corrélation les chronologies géologiques établies par différentes méthodes dans diverses régions. Des sédiments anciens ont révélé qu'une inversion magnétique s'était produite il y a 2 millions d'années. Cette date est significative car elle correspond approximativement au moment choisi par les géologues pour le début du Pléistocène et de la succession de glaciaires et d'interglaciaires qui dure encore à présent.

Désormais capables de dater les échantillons sous-marins, les géologues allaient s'attacher à déterminer si la séquence des climats chauds et froids correspondait aux cycles de Milankovitch. Mais il leur faudrait également expliquer le fait, ressortant de l'étude ininterrompue des sédiments marins et terrestres, que les cycles de 22 000 et de 41 000 ans, auxquels Milankovitch attribuait un rôle primordial dans les changements de climat, semblaient se surimposer à d'autres périodes plus amples de 100 000 ans, qui faisaient penser, elles, à la théorie de James Croll où ce rôle décisif était tenu par les variations d'excentricité de l'orbite terrestre. Il apparaissait que les grandes époques glaciaires du Pléistocène s'étaient lentement développées sur environ 100 000 ans ; un certain nombre d'oscillations précédaient leur fin brutale. La théorie astronomique n'expliquerait les glaciations que si on parvenait à établir une relation entre les cycles relativement courts de Milutin Milankovitch et ces périodes de 100 000 ans.

Au printemps de 1971, dans le cadre de la Décennie internationale d'exploration des océans, un groupe de chercheurs mit sur pied un projet pour l'étude, la cartographie et la précision climatiques à long terme intitulé CLIMAP. L'une de leurs premières missions consista dans l'analyse de carottes sous-marines en vue de déterminer les changements climatiques survenus au cours des 700 000 ans de l'Époque de Brunhes.

Il fallait pour cela un échantillon riche en foraminifères se prêtant à l'examen des isotopes de l'oxygène. Il leur fut fourni en décembre sous forme d'une carotte prélevée dans le Pacifique occidental au début de cette année et remontant au-delà du début de l'Époque de Brunhes. L'étude fut confiée à Nicholas Shackleton de l'université de Cambridge.

Ce spécialiste de l'analyse des isotopes dans les fossiles marins établit deux courbes, la première montrant la proportion d'isotopes légers et lourds de l'oxygène dans les vestiges de foraminifères de surface, l'autre, les variations isotopiques chez les foraminifères vivant au fond. Si, comme le pensait Cesare Emiliani, cette proportion dépendait des températures marines, la seconde courbe devrait présenter des fluctuations bien plus faibles que la première : quel que soit le climat, la température de l'eau au fond des océans reste proche de 0° C. Or, comme Shackleton l'exposa aux chercheurs du CLIMAP en 1972, les deux courbes étaient presque identiques.

C'était là précisément ce que Shackleton et Imbrie avaient conjecturé trois ans auparavant à Paris. Les deux courbes de Shackleton, devait écrire Imbrie, « reflétaient des changements du taux d'isotopes légers des océans, non des

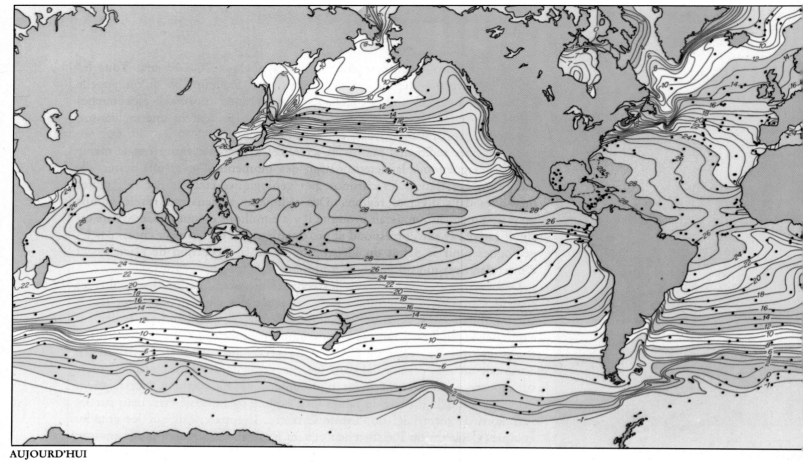

AUJOURD'HUI

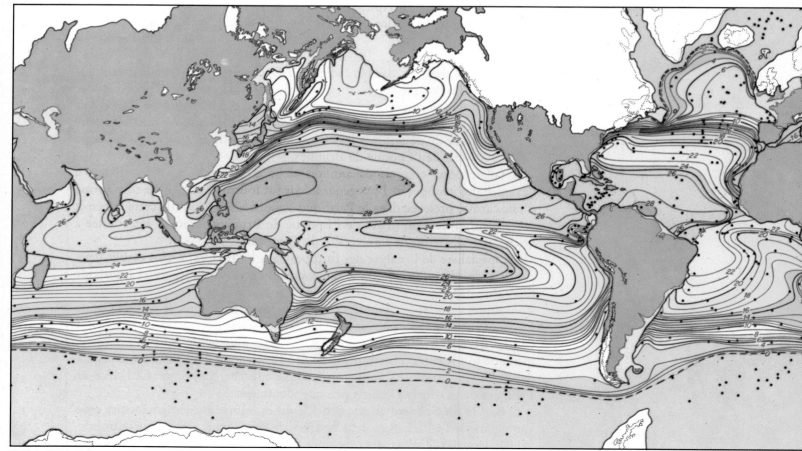

IL Y A 18 000 ANS

changements de température de l'eau. Et comme l'eau de mer est rapidement brassée par les courants, toute modification chimique d'une partie de l'océan se retrouve partout au bout d'un millier d'années. La courbe d'Emiliani tout entière est un message chimique provenant des anciens inlandsis. Quand les glaciers s'étendaient, les atomes légers d'oxygène, prélevés dans la mer, étaient stockés dans les inlandsis, modifiant la composition isotopique de l'oxygène marin. Quand les glaciers fondaient, les isotopes captifs retournaient à l'océan, rétablissant sa structure initiale. » Pour résumer, les deux courbes n'indiquaient pas directement un changement climatique mais une conséquence de celui-ci : la croissance et la décroissance des glaciers, le commencement et la fin des périodes glaciaires.

Le travail de Shackleton apporta d'autres révélations encore. L'échantillon offrait une séquence claire de 19 phases de réchauffement et de refroidissement au cours des dernières 700 000 années et permettait d'estimer la durée de chacune. Surtout, il montrait assez distinctement que des changements climatiques majeurs s'étaient produits à des intervalles d'environ 100 000 ans, périodicité associée à l'idée que le climat est principalement sous la dépendance des modifications de l'excentricité de l'orbite terrestre.

Ce cycle de 100 000 ans dominait si nettement sur la courbe de Shackleton que celui-ci ne put déterminer si les fluctuations moins accusées coïncidaient ou non avec les 41 000 ans du cycle de l'oscillation de l'axe et avec les 22 000 ans du cycle de la précession. L'explication astronomique des glaciations ne pouvait toujours pas être démontrée. Mais bientôt, un autre chercheur du CLIMAP, James D. Hays, de l'université Columbia, clarifia la situation en examinant deux carottes de sédiments provenant du sud de l'océan Indien, l'une extraite en 1967 et l'autre en 1971. Bien que ces échantillons ne couvrent pas toute l'Époque de Brunhes, ils portaient sur une durée assez longue — 450 000 ans — pour permettre une analyse sérieuse. De plus, les sédiments s'étaient accumulés plus vite que dans l'échantillon de Shackleton ; ils offraient pour chaque cycle une plus grande épaisseur et donc des témoignages plus détaillés des changements climatiques.

Quand Hays et Shackleton examinèrent ces sédiments de l'océan Indien, ils y reconnurent clairement l'empreinte du cycle de 100 000 ans. Mais ils y virent également d'indubitables signes des cycles de 41 000 et de 22 000 ans. « Nous sommes à présent certains, proclamèrent-ils, que les glaciations sont dues à des modifications de la géométrie orbitale de la terre. Les indices recueillis sont si parlants que toutes les autres explications doivent être abandonnées ou profondément modifiées. »

Certaines conclusions précédemment tirées de la datation au radiocarbone qui avaient paru invalider la théorie de Milankovitch avaient d'ores et déjà été révisées. Le progrès des connaissances géologiques fit apparaître un léger retrait des inlandsis aux environs de −25 000 ans, impliquant un réchauffement suffisant pour expliquer des anomalies apparentes telles que le dépôt de tourbe vieux de 25 000 ans trouvé dans l'Illinois. Les résultats de la datation au radiocarbone ne faisaient plus obstacle à la théorie astronomique.

Mais tout le monde n'était pas encore convaincu que la solution résidât dans cette théorie ; certains scientifiques affirmaient que la variation de l'énergie solaire est trop faible pour rendre compte des glaciations. L'astronome britannique Fred Hoyle, par exemple, fit remarquer que si le réchauffement de 4 p. cent produit par ce qu'on appelle l'effet Milankovitch était censé expliquer la fusion des inlandsis de l'hémisphère Nord il y a 13 000 ans, le

réchauffement actuel de 3 p. cent de l'hémisphère Sud ne produisait pratiquement aucun effet sur l'inlandsis antarctique. Il objecta également que les cycles étaient trop longs et trop progressifs dans leurs effets pour être la cause des brusques renversements climatiques qui marquaient apparemment le début et la fin des périodes glaciaires du Pléistocène.

En 1981, Hoyle avança une passionnante théorie de son cru, mettant en jeu des collisions avec des météorites géants et les propriétés particulières des gouttelettes d'eau sous-refroidies. Quand un air contenant de minuscules gouttelettes d'eau se refroidit progressivement, rappelait-il, cette eau peut rester liquide jusqu'à −40° C. Elle se transforme alors en ce que les explorateurs polaires nomment poussière de diamant, soit d'infimes cristaux d'une glace très réfléchissante. Supposons, disait Hoyle, que la vapeur d'eau de la haute atmosphère, dont la température est actuellement de −20° C, soit abaissée jusqu'au seuil critique de −40° C, il suffirait d'un voile de poussière de diamant formé à partir d'une couche de vapeur d'à peine 0,1 millimètre pour réfléchir dans l'espace presque toute la lumière incidente et pour provoquer une glaciation en l'espace de quelques décennies.

Selon Hoyle, l'indispensable refroidissement de la haute atmosphère pourrait être produit par l'impact d'un météorite géant. Si ce météorite est constitué de roche réfléchissante, les poussières produites par sa destruction

Un cratère béant de 180 mètres de profondeur et de près de 1 200 mètres de diamètre situé dans le désert de l'Arizona marque l'impact d'un météorite il y a des milliers d'années. Certains scientifiques ont émis l'hypothèse que des météorites beaucoup plus gros heurtant la terre pourraient projeter dans la stratosphère assez de poussières et de débris pour déclencher une nouvelle période glaciaire.

feraient écran aux rayons solaires autour de la terre suffisamment longtemps pour que de la poussière de diamant se forme dans la haute atmosphère. Plus lourdes, les poussières finiraient par tomber au sol, mais les minuscules cristaux persisteraient, maintenant les conditions d'une glaciation jusqu'à ce que la haute atmosphère retrouve une température supérieure à −40° C. Dans le scénario de Hoyle, la fin de la période glaciaire est causée par un autre météorite, principalement métallique celui-ci, donnant naissance à un nuage de particules de nature à absorber les radiations. La poussière de diamant fondrait d'un seul coup, tandis que les particules métalliques en suspension dans l'atmosphère, se chargeant de chaleur, réchaufferaient la terre suffisamment pour faire disparaître les inlandsis aussi vite qu'ils s'étaient formés.

L'hypothèse est réellement ingénieuse et, de fait, on a estimé qu'au cours des derniers 600 millions d'années la terre est entrée en collision avec quelque 5 000 météorites géants de près d'un kilomètre de diamètre. Mais l'un des plus graves défauts de cette théorie réside dans l'extrême improbabilité que d'énormes météorites aient heurté la terre aux intervalles réguliers marquant le début et la fin des glaciations. Il n'y a guère de chances non plus pour que les débris projetés par l'impact de deux météorites différents aient des effets aussi diamétralement opposés. En fait, de toutes les théories proposées, l'explication astronomique est la seule qui soit en corrélation avec les chronologies connues des glaciations pléistocènes. Le mécanisme des climats est cependant d'une complexité telle que, même si on admet que les phénomènes astronomiques ont été les principaux facteurs du déclenchement des glaciations, il est probable que d'autres événements — éruptions volcaniques, taches solaires et peut-être chutes de météorites — ont contribué à faire passer le globe du chaud au froid et inversement.

Les sédiments des mers profondes détiennent des témoignages sur le climat jusqu'à −50 millions d'années et les indices géologiques des inlandsis du Pléistocène sont manifestes dans de nombreuses parties du monde. Aussi connaît-on beaucoup mieux les glaciations de ces époques relativement récentes que celles des âges plus reculés. Mais il y a longtemps qu'on sait que l'histoire géologique en est jalonnée. Bon nombre d'indices de ces anciennes glaciations proviennent des régions tropicales et subtropicales, en grande partie laissées intactes par les glaciers récents. C'est ainsi que, dès les années 1850, les géologues britanniques ont trouvé des traces des glaciations pré-Pléistocène dans l'Inde tropicale. Et au tournant du siècle, on en a relevé en Australie, en Afrique du Sud et au Brésil.

Au début, l'explication parut être que les glaciers avaient submergé la planète, des pôles à l'équateur. Mais en 1912, le météorologue allemand Alfred Wegener, qui devait plus tard donner un appui décisif à l'hypothèse de Milutin Milankovitch, publia sa théorie de la dérive des continents. Ceux-ci, soutenait-il, ne sont pas stables ; ils dérivent comme des radeaux sur le manteau fluide. Pendant plus de cinquante ans, la plupart des géologues se gaussèrent des hérésies de Wegener. Mais vers la fin des année soixante, les faits qui venaient l'étayer étaient si nombreux que cette conception révolutionnaire s'imposa. A présent, rares sont les scientifiques qui contestent que les continents, portés par des plaques de la croûte terrestre, soient en mouvement lent mais constant à la surface du globe.

L'orientation magnétique des roches anciennes permet de déterminer la position d'un continent par rapport aux pôles magnétiques au moment précis

de la formation de ces roches. Et les orientations différentes des formations rocheuses successives indiquent les déplacements passés des continents. Ces repères paléomagnétiques ont beaucoup contribué à confirmer la théorie de dérive continentale et ont également permis de comprendre les traces paradoxales de glaciations à proximité de l'équateur. Les régions concernées étaient beaucoup plus proches des pôles lorsqu'elles étaient couvertes d'inlandsis. On admet en effet maintenant qu'une glaciation suffisamment ample pour mériter le nom de période glaciaire ne peut survenir que lorsqu'une grande partie des terres émergées de la planète est située à proximité des pôles ou à des latitudes élevées.

La théorie de la dérive des continents a permis l'une des plus remarquables découvertes qu'ait connues l'étude des glaciations. Dans les années soixante, les recherches dans le domaine du paléomagnétisme amenèrent à la conclusion que l'Afrique du Nord s'était trouvée au pôle Sud à l'époque ordovicienne, soit il y a 450 millions d'années. Il devait donc y avoir des traces de glaciation ancienne dans le Sahara. Or, au même moment, des géologues français effectuant des recherches pétrolières dans le sud algérien tombèrent sur des rainures géantes creusées dans le grès sous-jacent, apparemment par des glaciers. Ils alertèrent immédiatement la communauté scientifique et invitèrent une équipe internationale à venir examiner leur découverte. Il y avait bien là les signes indubitables d'une époque glaciaire: stries provoquées par le frottement des cailloux pris dans la base des glaciers; blocs erratiques transportés à des centaines de kilomètres de leur origine; dépôts de sables typiques de l'épandage fluvio-glaciaire.

Un membre de la mission scientifique, Rhodes Fairbridge, de l'université Columbia, raconte que l'équipe fut «galvanisée»: «Sous le brûlant soleil saharien, nous avions le rare privilège de voir les indices formels d'une glaciation géante, précisément datée et située exactement à l'endroit où les données du paléomagnétisme l'avaient laissé prévoir. Mais nos hôtes français ne furent pas pris au dépourvu. Nous avions un réfrigérateur dans notre matériel et il en sortit une miraculeuse bouteille du meilleur champagne, et frappée. Et nous bûmes à la santé des géologues qui avaient découvert ces rainures, des visiteurs et de l'époque ordovicienne!»

LES EMPREINTES D'UN LONG HIVER SAHARIEN

Couvrant quelque 3 millions de kilomètres carrés au nord de l'Afrique, le Sahara est le désert le plus vaste et le plus inhospitalier du monde. Sur une bonne part de superficie, la moyenne pluviométrique annuelle est inférieure à 120 millimètres, des vents brûlants et secs soufflent presque en permanence et pendant les mois d'été la température peut dépasser 55°C à l'ombre.

Mais le Sahara n'a pas toujours été torride. Il y a seulement 5 000 ans, il était parsemé de grands lacs peu profonds et couvert de végétation. Et longtemps auparavant, il se trouvait enfoui sous des inlandsis qui y ont laissé leurs empreintes typiques : roches striées, blocs erratiques, talus détritiques.

Cette glaciation survint il y a de 440 à 465 millions d'années, pendant l'âge géologique appelé Ordovicien. L'Afrique, l'Australie, l'Antarctique, l'Amérique du Sud et l'Inde se trouvaient alors soudées en un supercontinent, le Gondwana, qui entourait le pôle Sud. La localisation polaire de cette masse continentale permit la formation d'inlandsis qui s'avancèrent de plus en plus loin dans les latitudes moyennes, croissant et décroissant sur des millions d'années.

Il y a environ 200 millions d'années, Gondwana commença à se scinder en fragments qui dérivèrent à la surface du globe jusqu'à l'emplacement des continents actuels. Dans les régions anciennement froides le climat se modifia d'une manière considérable mais le temps n'a pu effacer toutes les empreintes laissées par la présence des glaces.

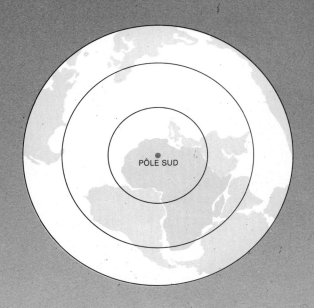

Quand les inlandsis ensevelirent le Sahara, à l'époque ordovicienne, l'Afrique, alors accolée à d'autres continents, était centrée sur le pôle Sud (*ci-contre*). Aujourd'hui, les falaises de grès posées sur un soubassement granitique dominant la plaine d'Admer (*ci-dessous*) sont formées de sables déposés lors de la fonte des glaces.

Dans le sud de l'Algérie, ces stries glaciaires, creusées par des fragments de roche dure pris dans la base de l'inlandsis, marquent la roche en place. Dans certaines parties du Sahara on peut suivre de telles stries sur des kilomètres.

Un membre d'une expédition géologique examine
des traces d'érosion fluvio-glaciaire — une
sorte de profond chenal creusé par les eaux de
fusion torrentielles d'un inlandsis. Plus tard,
ce passage à sec se remplira de sable.

Dans le Sahara, des blocs erratiques — certains portant des stries glaciaires — jonchent la pente d'une ancienne moraine formée d'argile, de sable et de gravier, ensemble de matériaux qui ont été déposés lors du retrait des glaces.

Se détachant sur les sables, cet esker, formé des matériaux abandonnés par l'eau de fonte d'un inlandsis coulant dans un chenal creusé sous la glace, serpente sur une cinquantaine de kilomètres environ à travers le Sahara occidental.

Chapitre 5

LA PROCHAINE GLACIATION

La période interglaciaire qui a vu l'essor de la civilisation humaine et la disparition des grands mammifères se termine et il n'y a guère de doute que les glaces vont revenir. Une statistique met crûment en lumière le danger qui nous menace : les quatre précédents interglaciaires ont duré entre 8 000 et 12 000 ans et l'actuel, appelé Holocène, a déjà dépassé les 10 000 ans.

L'avertissement contenu dans ces chiffres est clair mais il ne faut pas surestimer la possibilité qu'ils offrent de prévoir. André Berger, éminent théoricien de la mécanique céleste qui a calculé en détail les fluctuations de l'orbite terrestre au cours du dernier million d'années et pour les prochains 60 000 ans, en a conclu que si la progression continue dans le même sens que pendant le Pléistocène, la terre sera plongée dans une glaciation d'ici 3 000 à 7 000 ans. Mais les premières manifestations d'un refroidissement du climat pourraient apparaître beaucoup plus tôt ; le climatologue britannique Hubert Lamb estime qu'un refroidissement marqué au cours des deux prochains siècles n'est pas du tout hors de question.

On ne saurait conjurer l'impact d'un tel événement sur le monde moderne. Au rythme actuel de l'évolution technique et culturelle, on ne peut pas dire grand-chose de sûr quant aux capacités de l'espèce humaine dans deux siècles, sans parler de trente. Il reste que de soumettre les régions tempérées, avec leur concentration actuelle de population et de production industrielle et agricole, aux conditions qui règnent à présent en Laponie ou dans le Grand Nord canadien aurait assurément des répercussions profondes.

Malheureusement pour la tranquillité d'esprit des hommes, le nombre de processus impliqués dans le déclenchement d'une glaciation et la complexité de leurs relations sont presque infinis. Il est peu de ces processus que l'on comprenne assez à fond pour en prévoir avec certitude le déroulement futur, à plus forte raison leurs effets cumulés.

C'est ainsi qu'en 1976 le physicien américain Johannes Weertman calcula que la terre pourrait connaître une glaciation perpétuelle, sans même les rémissions des interglaciaires, si les masses continentales de l'hémisphère Nord — Amérique du Nord, Groenland et Eurasie — se trouvaient à 450 kilomètres plus au nord. Même l'été le plus chaud que puissent engendrer les relations changeantes entre la terre et le soleil ne fournirait pas assez de chaleur pour faire fondre l'accumulation annuelle de neige et de glace. Cette dernière s'accroîtrait année après année et siècle après siècle en une glaciation permanente. Mais si ces mêmes masses continentales devaient au contraire dériver 450 kilomètres plus au sud et que les océans prennent leur place actuelle, poursuit Weertman, tous les étés sans exception seraient alors suf-

Devant un mur de neige antarctique fortement tassée, ces glaciologues datent les couches distinctes d'accumulation annuelle. L'appréciation des variations de l'enneigement polaire d'une année à l'autre contribue à la compréhension des changements climatiques passés et à la prévision des tendances qui doivent apparaître.

fisamment chauds pour empêcher la croissance d'un quelconque inlandsis.

Ces scénarios illustrent la difficulté de prévoir en aucune façon une période glaciaire. Même si la théorie astronomique du mathématicien Milutin Milankovitch semble aujourd'hui assurée, il reste d'énormes inconnues, concernant les mécanismes par lesquels les variations orbitales engendrent des changements climatiques. Les réponses résident certainement en partie dans ce que les scientifiques appellent les «données par procuration» concernant le passé lointain — microfossiles, poussière volcanique, pollens et autres traces chimiques ou physiques laissées par les anciens climats dans les sédiments océaniques, la glace polaire et les tourbières.

Mais l'étude des changements climatiques récents est aussi prometteuse: comprendre les variations relativement minimes entre stades froids et chauds de l'interglaciaire actuel peut aider à reconstituer les changements antérieurs, plus radicaux. On a d'autre part entrepris d'étudier précisément à l'aide d'instruments embarqués sur satellites les fluctuations du rayonnement solaire, peut-être liées au climat. Enfin les glaciologues recherchent dans les inlandsis du Groenland et de l'Antarctique les indices de tendances à long terme. L'analyse des montagnes de données ainsi obtenues de ces diverses

Remontant du sud-est des États-Unis vers les Iles Britanniques et la Scandinavie, les eaux du Gulf Stream apparaissent en violet sur cette photo prise d'un satellite et traitée par ordinateur. Pendant la période glaciaire, les eaux froides de l'Arctique, descendant vers le sud, détournaient vers l'Afrique du Nord le courant chaud.

sources devrait aboutir au moins à une conjecture solidement étayée concernant la prochaine période glaciaire.

Les échantillons de fonds marins qui ont corroboré la théorie de Milutin Milankovitch restent une source majeure de renseignements. L'analyse des indices qu'ils contiennent – fossiles planctoniques de surface et de foraminifères des grands fonds, isotopes de l'oxygène, particules de sable et d'argile – a permis à deux savants, William F. Ruddiman et Andrew McIntyre du Lamont-Doherty Geological Observatory d'élucider le rôle qu'a pu jouer l'Atlantique Nord dans l'histoire de l'inlandsis nord-américain.

Ces chercheurs se sont concentrés sur deux périodes – le début de la dernière période glaciaire, il y a 115 000 ans, et un épisode très froid survenu quelque 40 000 ans plus tard. A ces deux moments, l'ensoleillement estival était à son minimum dans l'hémisphère Nord, l'inclinaison de l'axe de la terre ayant atteint son angle le plus faible. Les étés des latitudes moyennes et hautes connaissaient donc des températures faibles et une moindre quantité de la neige hivernale tombée depuis le Labrador en remontant vers le nord fondait. Mais si le continent commençait à se refroidir, il n'en allait pas de même dans les océans. Les types de fossiles planctoniques trouvés dans les sédiments pélagiques indiquent qu'au large du Canada l'océan était aussi chaud qu'aujourd'hui, soit environ 15 °C en moyenne. Le Gulf Stream, réchauffé par l'ensoleillement plus fort des basses latitudes, remontait vers le nord au-delà de la côte du Canada maritime déjà prise par la glace. Le rapport O-16/O-18 dans les sédiments assigne au refroidissement de l'océan un retard de 3 000 à 5 000 ans sur celui des terres.

Paradoxalement, la tiédeur des eaux de l'Atlantique Nord a dû, selon Ruddiman et McIntyre, hâter la croissance des inlandsis. L'eau tiède s'évaporant plus vite que l'eau froide, l'air marin au voisinage des terres froides était chargé d'humidité, prête à précipiter en neige, pourvu que les conditions s'y prêtent. Or le contraste même des températures entre terre et océan créait de telles conditions en engendrant un front de perturbations qui drainait vers le nord à travers le Canada les vents nés sur l'océan. L'air océanique humide se refroidissait au contact du continent et sa vapeur d'eau se condensait pour tomber sous forme de neige. L'océan, trop chaud pour geler en hiver, fournissait de l'humidité toute l'année.

La réflectivité des étendues croissantes de neige et de glace amplifia le refroidissement dû à la baisse de radiation solaire. Le glaciologue canadien Roy M. Koerner a étudié la réflectivité, ou albédo, de l'actuelle calotte glaciaire de Devon Island, au Canada, située à l'intérieur du cercle arctique. Il a constaté que la neige sèche des parties les plus hautes et les plus froides de l'île réfléchissait 85 p. cent du rayonnement incident. Cette énergie réfléchie s'échappe dans l'espace sans réchauffer l'atmosphère de façon significative. Pendant le développement d'un inlandsis, les abondantes chutes de neige résultant du contact entre l'air continental froid et l'air océanique humide couvrent des étendues toujours plus vastes tandis que la limite des neiges éternelles des hauts plateaux s'abaisse sans cesse.

Un type particulier de sédiments étudié par Ruddiman et McIntyre nous renseigne sur la tiédeur de l'Atlantique Nord au début de la glaciation. Ils consistent en particules de sable et d'argile plus grosses que celles que le vent ou les courants entraînent dans la mer. Elles furent donc arrachées à la terre par les inlandsis, emportées en mer par les icebergs détachés du front des glaciers et déposées quand les icebergs succombèrent à la chaleur de l'eau. La localisation de ces dépôts montre qu'aux premiers stades de la croissance des inlandsis les icebergs fondaient près des côtes du Groenland et de Terre-Neuve. Plus tard, ils dérivaient jusqu'à 1 500 kilomètres plus au sud, à la latitude de l'Espagne, avant de fondre.

Le rapport O-16/O-18 dans les carottes prélevées au fond de l'Atlantique Nord fit penser à Ruddiman et McIntyre que l'océan ne commença à geler en hiver sur de vastes étendues que quelque 6 000 ans après le début de la formation des inlandsis continentaux. Cette carapace de glace, même partielle, tarit dans une large mesure la principale source d'humidité alimentant les inlandsis et leur croissance ralentit très nettement. Même en été, alors que la banquise fondait en grande partie, l'Atlantique restait si froid que l'évaporation était limitée. C'est ainsi que vers −18 000 ans, la dimension des inlandsis continentaux se stabilisa pour quelque temps.

Les courbes des isotopes de l'oxygène et les fossiles des fonds marins indiquent que lorsque les deux dernières périodes glaciaires prirent fin — la première vers −127 000 ans et la plus récente vers −10 000 ans — les océans restèrent très froids. De même qu'ils avaient suivi avec retard le refroidissement continental, de même ils se réchauffèrent plus lentement. Durant les deux périodes de disparition des inlandsis, l'axe de la terre se trouvait dans une configuration orbitale telle que l'hémisphère Nord recevait un maximum de radiation solaire en été et un minimum en hiver.

L'Atlantique Nord continua à geler pendant ces hivers très rudes et alimenta très faiblement en humidité les inlandsis. Il fallut plusieurs millénaires pour que les eaux de l'Atlantique Nord atteignent leur température actuelle. Selon Ruddiman et McIntyre, leur évaporation est à présent assez rapide pour pourvoir à la croissance des inlandsis si la radiation solaire estivale tombait au-dessous d'un seuil critique.

Les sédiments déposés pendant le retrait des inlandsis révèlent que la surface de l'océan était pour ainsi dire dépourvue de plancton microscopique. Ruddiman et McIntyre pensent que cela pourrait être dû à un afflux diluvial d'eau douce provenant de la rapide fusion des glaces en été. Flottant sur l'eau salée plus lourde, cette couche d'eau douce changea en surface la salinité de l'Atlantique au point d'en bannir le plancton, qui ne réapparut que quand l'eau douce se fut dispersée, plusieurs milliers d'années plus tard.

Si les sédiments marins fournissent quelques indications sur la composition, la température et la turbulence de l'atmosphère pendant les glaciaires et interglaciaires, ce sont les carottes de glace extraites des inlandsis groenlandais et antarctique qui nous renseignent le mieux là-dessus. La succession des couches annuelles de neige comprimée en glace permet de remonter sans interruption dans le passé sur des centaines de milliers d'années. On n'a pas encore déterminé exactement l'âge de la glace la plus ancienne mais on estime que, dans l'Antarctique orientale, juste au-dessus du socle rocheux, doit se trouver de la glace formée il y a 500 000 ans.

Les données les plus importantes peut-être pour l'élucidation de la mécanique des glaciations sont fournies par les molécules d'eau de cette glace, qui contiennent les isotopes d'oxygène révélateurs des changements de température. Mais la glace contient aussi des poussières, des débris volcaniques, des sels marins et divers isotopes formés dans l'atmosphère, qui tombèrent sur la neige fraîche. Elle comporte en outre de minuscules cavités remplies d'un air datant du moment où la neige est tombée. Ces bulles d'air préhistorique, de même que les autres constituants de la glace d'inlandsis, à

De la glace fossile dans un lac andin

Le biologiste Stuart Hurlbert étudiait les flamants d'Amérique du Sud quand il eut la surprise de trouver dans un lac andin des îles de glace de 1 500 mètres de long et dominant de 6 mètres la surface de l'eau. La datation au radiocarbone de sédiments contenus dans la glace indiqua qu'il pourrait s'agir de la plus ancienne glace lacustre du monde, les régions polaires mises à part.

Cette glace doit sa survie à une couche protectrice d'aragonite, carbonate de chaux d'un blanc intense, qui réfléchit la plus grande partie de la lumière incidente. Ces dépôts pris jadis dans la glace forment à présent une couche isolante de 30 centimètres d'épaisseur qui protège la glace depuis 7 000 ans.

Une lacune dans la couche protectrice d'aragonite laisse entrevoir les strates de cette île de glace préhistorique dans les Andes. Les couches sombres sont de glace pure ; entre elles, des couches contenant des substances minérales, principalement cette variété cristalline de carbonate de calcium.

l'exception des radioisotopes qui se désintègrent constamment, se conservent parfaitement du moment qu'ils restent pris dans la glace.

Tout comme dans les sédiments des fonds marins, le rapport O-16/O-18 observé dans une couche de glace indique la température régnant au moment de sa formation, mais à une très importante différence près : dans un sédiment, un forte proportion d'O-18 (lourd) indique un climat froid ; dans la glace, c'est l'inverse. Comme il faut plus de chaleur pour évaporer les molécules contenant O-18, la présence en abondance de cet isotope dans la glace signifie que la température de l'air était relativement élevée quand l'eau de l'océan s'est évaporée avant de se transformer en neige. La neige estivale contient donc plus d'O-18 que celle de l'hiver. A plus long terme, il en va de même pour celle qui est tombée pendant un interglaciaire comparée à celle qui s'est déposée pendant une glaciation.

Les carottes de glace présentent un grand avantage pour l'établissement d'une chronologie fine des fluctuations climatique. Dans les sédiments marins, les quelques centimètres du dessus ont souvent été perturbés par des créatures vivant sur le fond et ne se laissent donc pas dater avec précision. Rien de tel évidemment dans les strates de glace. Et comme la concentration en O-18 marque en général un maximum en été, une chute en hiver et un autre maximum l'été suivant, la glace située entre deux maxima représente l'accumulation de neige d'une seule année. De fastidieuses mesures du taux d'O-18

— dans des régions suffisamment froides toute l'année pour que les couches de glace n'aient pu être mélangées par la fonte — ont permi la datation de couche annuelles jusqu'à 1 000 ans avant notre ère.

Willi Dansgaard, un Danois qui fut l'un des premiers à étudier les carottes de glace, estime possible la datation précise de couches de glace jusqu'à 7 000 ans. L'O-18 ayant tendance à se disperser dans la glace, les contrastes annuels s'estompent au-delà de cette date. Il faut alors recourir aux radioisotopes — carbone, beryllium et chlore, principalement — mais ils permettent de les dater avec moins de précision.

De tous les échantillons provenant de l'inlandsis groenlandais, celui qui contient la glace la plus ancienne porte le nom de Camp Century, base de recherche établie dans le nord-ouest de l'île et servant à l'une des études les plus importantes du Greenland Ice Sheet Project (projet relatif à l'inlandsis groenlandais), entreprise à laquelle coopérèrent des institutions danoises, suisses et américains. La couche la plus ancienne de cette carotte était située à 1 400 mètres sous la surface de la glace et datait d'à peu près 125 000 ans, donc d'avant la glaciation. L'analyse effectuée par Dansgaard de la teneur en O-18 de 300 mètres de l'échantillon a fourni des indications détaillées sur l'histoire climatique du Groenland, et donc de la terre, depuis la fin du dernier interglaciaire jusqu'à la fin de la glaciation suivante, il y a quelque 10 000 ans. Les fluctuations de température établies de la sorte correspondent à celles qui avaient été fournies par l'étude des carottes de sédiments en provenance de l'océan Indien et de l'Atlantique Nord.

L'échantillon de Camp Century montre que le climat était plus doux. Cela

A gauche: Sur l'île canadienne d'Ellesmere, des chercheurs de l'université de Toronto mettent au point, dans un vaste ensemble de serres de plastique, des techniques permettant aux habitants de l'Arctique de cultiver des légumes frais malgré le climat glaciaire. *Ci-dessus*: En tenue estivale, deux chercheurs surveillent des plants dans l'une des serres chauffées par le soleil.

confirme les conclusions de Ruddiman et McIntyre: l'Atlantique Nord est resté tiède longtemps après l'apparition des inlandsis.

L'échantillon de Camp Century fait également apparaître une nouvelle chute des températures et une avancée des glaces vers −75 000 ans, corroborant les calculs effectués par Ruddiman et McIntyre à partir des sédiments de l'Atlantique Nord ainsi que les déductions de la théorie astronomique, selon lesquels, à cette même période, l'hémisphère Nord a connu les étés froids indispensables à la croissance des inlandsis.

Les particules d'argile, de poussière volcanique et de sels marins contenues dans la glace indiquent que, pendant la dernière période glaciaire et surtout vers sa fin, l'atmosphère était turbulente et sale. A Camp Century, les couches datant de la glaciation contiennent 12 fois plus de ces particules que celles formées pendant l'interglaciaire suivant. Selon les glaciologues Ellen Mosley-Thompson et Lonnie Thompson, de l'université de l'Ohio, ces particules d'argile proviennent des vastes étendues de plaines côtières découvertes par le recul des océans et balayées par des vents violents. La poussière soulevée se propageait autour du globe. Et si la glace groenlandaise est deux fois plus sale que celle de l'Antarctique, à période équivalente, c'est qu'elle se trouve plus proche de l'origine des poussières puisque la plupart des terres se situent dans l'hémisphère Nord. Ces mêmes vents, qui se chargeaient aussi d'embruns, seraient l'explication donnée à la forte teneur en sels marins des couches datant de la glaciation.

Quant aux poussières volcaniques, elles prouvent que la période glaciaire a connu de violentes et fréquentes éruptions volcaniques. Les spécialistes sont nombreux à penser que cette abondance de particules circulant dans l'atmosphère et réfléchissant la radiation solaire a dû refroidir encore le climat et peut-être même prolonger la glaciation.

Poussiéreuse et turbulente, la période glaciaire semble avoir été marquée par de faibles chutes de neige. Il y a 15 000 ans, à Camp Century, elles n'atteignaient que le tiers ou la moitié de la moyenne actuelle. Ces observations s'accordent avec cette autre conclusion tirée de l'étude faite des sédiments par les chercheurs Ruddiman et McIntyre − que l'océan, froid et pris par les glaces, produisit peu d'évaporation.

Les géologues Chester C. Langway et Michael M. Herron ont trouvé des indices d'une transition climatique abrupte à la fin de la glaciation: à peine quelques décennies ou même moins. Des sections d'échantillons, provenant l'une de Camp Century et l'autre de Dye 3, dans le sud du Groenland, révèlent que la concentration en sels marins apportés par le vent chuta de 75 p. cent en moins d'un siècle. Le réchauffement de l'interglaciaire avait apparemment fait tomber les vents violents typiques de la période glaciaire.

Un autre bouleversement qui accompagna la fin de la période glaciaire a trait à la quantité de gaz carbonique dans l'atmosphère. Ce gaz est intéressant à un double titre. Il est tout d'abord intimement lié au métabolisme des végétaux, qui l'éliminent, et permet donc de mesurer l'activité biologique. En second lieu, il joue un rôle décisif dans l'effet de serre, c'est-à-dire le mécanisme par lequel l'atmosphère retient les ondes infrarouges réchauffantes émises par la surface de la terre. La température de l'atmosphère dépend donc largement de sa teneur en gaz carbonique.

L'analyse des bulles d'air contenues dans trois carottes de glace d'origines différentes a fourni une chronologie des modifications atmosphériques de −40 000 ans jusqu'à aujourd'hui. Pendant la dernière période glaciaire, la

Les neiges agonisantes du Kilimandjaro

A 300 kilomètres de distance de l'équateur, des fragments de neige se sont accrochés depuis la période glaciaire à trois sommets d'Afrique orientale. Le plus célèbre de ces vestiges, ce sont les neiges du Kilimandjaro, en Tanzanie, en réalité des glaciers, qui couronnent sur près de 4 kilomètres carrés cette cime de 5963 mètres d'altitude, où il ne dégèle guère de toute l'année. Le mont Kenya et la chaîne du Ruwenzori, à la frontière entre le Zaïre et l'Ouganda, ont aussi de petits glaciers.

Aussi surprenant que cela semble, l'Afrique tropicale a connu au moins quatre glaciations pendant le Pléistocène. Sur bien des montagnes, on trouve des morsines. Celles du Kilimandjaro indiquent qu'à une période les glaciers descendaient presque à mi-pente. Mais même à ses moments les plus froids le climat de l'Afrique du Pléistocène resta relativement doux. Sur l'ensemble du continent, les températures moyennes n'étaient inférieures à celles d'aujourd'hui que d'un peu plus de 3°C.

Dès la fin de la période glaciaire les glaciers africains ont commencé à se réduire. Ils auraient sans doute disparu depuis des siècles sans le « petit âge glaciaire », qui leur permit de se maintenir et même peut-être de croître à nouveau. Aux environs de 1800, ils recommencèrent à rétrécir. Entre la fin du XIXe siècle et le milieu du XXe, les neiges du Kilimandjaro ont fondu du quart. Vers l'an 2000, si le climat ne se refroidit pas, elles auront disparu tout à fait.

A droite : Trois alpinistes escaladent le glacier nord du Kilimandjaro et ses marches d'escalier hautes de 10 mètres. Les stries creusées à la surface de la glace par les eaux de fonte montrent la détérioration graduelle du glacier. *Ci-dessous* : Le principal sommet de la montagne scintille comme un fanal au-dessus de la plaine d'Amboseli, où la moyenne annuelle des températures est de 30°C. Les glaciers du sommet inférieur ont peu à peu fondu au cours du siècle dernier.

teneur de l'atmosphère en gaz carbonique a chuté d'un quart pour atteindre son niveau minimum pendant les 2 000 dernières années de la glaciation, qui s'explique peut-être par une réduction de la vie végétale sur les continents glacés et dans les eaux superficielles des océans. Ensuite, vers le début de l'interglaciaire, le gaz carbonique devint plus abondant. On n'a pas encore pu préciser si cet accroissement est survenu avant ou après le changement climatique, mais il a certainement contribué à réchauffer la terre. Au cours des siècles qu'a duré le passage du climat glaciaire au climat interglaciaire, la température moyenne du globe s'est élevée d'environ 2,2°C. Des scientifiques de l'université de Berne, en Suisse, ont calculé que l'intensification de l'effet de serre a pu contribuer pour un tiers à ce total. Mais selon eux, l'essentiel du réchauffement serait dû au fait que les terres libérées par la fonte des inlandsis absorbaient davantage de rayonnement que la glace.

La température moyenne du globe a continué à s'élever pendant des milliers d'années. John E. Kutzbach, météorologue de l'université du Wisconsin, estime qu'il y a 9 000 ans la terre recevait en juillet 7 p. cent de radiation solaire de plus qu'aujourd'hui et que la température était de 0,2°C supérieure. L'hémisphère Nord connaissait des étés particulièrement chauds du fait que deux facteurs orbitaux se renforçaient : c'est pendant l'été boréal que la terre était le plus proche du soleil et, l'hémisphère Nord étant fortement incliné vers le soleil, les hautes latitudes recevaient un ensoleillement maximum. Ces étés chauds étaient également humides et recevaient, selon Kutzbach, environ 8 p. cent de précipitations de plus qu'aujourd'hui. Des régions de l'Afrique du Nord et du nord-ouest de l'Inde, arides pendant toute la glaciation, devinrent très pluvieuses ; certains points devaient recevoir deux fois plus de précipitations qu'actuellement. Les traces d'anciens rivages de certains lacs tropicaux indiquent qu'au début de l'interglaciaire leurs eaux devaient se trouver à 30 mètres et plus au-dessous de leur niveau actuel. Les vestiges humains aussi attestent d'un milieu complètement différent. Les dessins rupestres du Sahara montrent des éléphants, des girafes et même des crocodiles et des hippopotames, qui vivent dans des cours d'eau.

Les températures atteignirent leurs maxima vers 4 000 av. J.-C. et restèrent stables pendant quelque 2 000 ans. Durant cette période, qu'on appelle l'optimum climatique, de nombreuses régions étaient plus chaudes de 2,75° C qu'aujourd'hui, selon des calculs basés sur la distribution des pollens et la proportion entre isotopes de l'oxygène dans des échantillons pris dans la glace du Groenland. La fonte des calottes glaciaires polaires avait fait monter le niveau des mers de 90 mètres au-dessus de ce qu'il était à la fin de la période glaciaire. La civilisation s'épanouissait dans des régions aujourd'hui désertes ; dans le nord-ouest de l'Inde, par exemple, les Harappéens se répandirent à partir de la vallée de l'Indus, cultivant les céréales dans les plaines bien arrosées et construisant de nombreuses cités.

A partir de 2 000 av. J.-C., les températures de l'hémisphère Nord se mirent à baisser lentement. Les régions tropicales et subtropicales furent frappées par la sécheresse. Dans la vallée de l'Indus, les pluies diminuèrent et les Harappéens abandonnèrent leurs champs et leurs villes aux dunes de sable. En Égypte, les vents accumulèrent le sable dans le lit asséché des rivières et des lacs sahariens qui pendant des millénaires avaient fourni les paysans en eau, et le niveau des crues annuelles du Nil baissa fortement. Avec quelque exagération, l'Égyptien Neferty se lamentait sur le Nil amaigri par la sécheresse : « La Rivière d'Égypte est vide, les hommes traversent l'eau à pied. »

L'Europe au nord des Alpes, en revanche, devenait de plus en plus froide et sèche. Les glaciers de montagne progressaient et les forêts se transformaient en marécages. En Amérique du Nord, les Paléo-Eskimos abandonnaient leurs terrains de chasse de l'Arctique pour le Labrador et la Baie d'Hudson, plus au sud, tandis que pour la première fois depuis la période glaciaire, des glaciers se formaient dans les Montagnes Rocheuses, au sud de l'actuelle frontière entre les États-Unis et le Canada. Vers 450 av. J.-C., les températures se remirent à s'élever pour culminer aux environs de l'An Mil. Malgré des hauts et des bas, depuis cette époque la tendance n'a cessé d'être au refroidissement, une chute particulièrement brutale se situant autour de 1 500. Cet épisode néoglaciaire, comme disent les climatologues, persista jusque dans le cours du XIXe siècle. C'est le « petit âge glaciaire ».

La théorie astronomique tend à accréditer l'hypothèse que ce refroidissement millénaire amorce le retour du globe vers une nouvelle glaciation. Les modifications de la configuration orbitale de la terre depuis 6 000 ans, moment où culminèrent les températures de l'interglaciaire, favorisent la croissance des inlandsis. L'axe de la terre n'est pas aussi incliné qu'alors et va continuer à se redresser ; les étés tendent donc à devenir de plus en plus frais. En outre, le périhélie — point où la terre est le plus proche du soleil — se produit maintenant en janvier, non en été. Cela accentue encore la fraîcheur des étés de l'hémisphère Nord — donc une moindre fusion de la neige — et des hivers relativement doux, puisque l'ensoleillement est alors à son maximum. C'est là un autre facteur favorable aux inlandsis car ce temps doux accroît l'humidité de l'air, donc le volume des chutes de neige. Il y a donc davantage de neiges persistantes susceptibles d'être transformées en glace.

Pour être certain, cependant, que c'est le scénario d'un retour de la glaciation qui vient de commencer à se dérouler il faudrait en savoir bien plus long sur la situation actuelle des masses glaciaires du Groenland et de l'Antarctique. Repérer des modifications dans ces inlandsis implique des mesures plus précises de leurs dimensions présentes et en particulier de leur épaisseur. L'imprécision des données actuelles peut fausser jusqu'à 50 p. cent les estimations quant au volume des inlandsis.

Les meilleurs mesures de l'épaisseur, de l'étendue et du relief de surface des inlandsis ont été obtenues par des altimètres à radar embarqués à bord d'aéronef à partir de la fin des années 1950, puis à bord de satellites depuis 1972. En 1982, 10 p. cent de l'Antarctique et 50 p. cent du Groenland avaient été cartographiés à partir de satellites dépendant de la NASA. Les altimètres utilisés étaient sensibles à des différences d'altitude de moins de 5 centimètres. En comparant ces observations avec celles qui seront effectuées dans l'avenir les glaciologues pourront détecter des changements même minimes de l'épaisseur des inlandsis. On a dressé des cartes semblables pour les plates-formes glaciaires, ces masses de glace plate et flottante qui frangent des sections du littoral antarctique et groenlandais. En 1982, ces mesures étaient suffisamment nombreuses pour permettre au Geological Survey américain de commencer l'établissement de cartes détaillées des inlandsis qui serviraient, comme les données relatives à leur épaisseur, de témoin à partir desquels on pourrait déceler l'évolution future.

Les spécialistes veulent également suivre de près l'inlandsis de l'Antarctique occidentale dont le lit rocheux est situé à 1 000 mètres sous le niveau de la mer. A présent des plates-formes protègent le front de cet inlandsis de l'érosion marine directe. Mais si ces plates-formes se désintégraient, l'inlandsis serait exposé à son tour à une prompte désintégration — en moins de 200 ans, peut-être. Les icebergs engendrés par une telle dislocation dériveraient vers les latitudes moyennes en refroidissant l'océan et en en augmentant l'albédo peut-être suffisamment pour déclencher une nouvelle offensive glaciaire.

Le démantèlement d'un inlandsis marin est, pense-t-on, l'un des événements aléatoires capables d'accélérer brutalement le passage d'un interglaciaire à un glaciaire. Il en irait de même d'une intensification exceptionnelle de l'activité volcanique pendant un certain nombre d'années; les énormes quantités de cendres projetées dans l'atmosphère feraient écran à la radiation solaire. Dans cette même classe de phénomènes on peut tout simplement ranger une succession d'années anormalement froides.

Les oscillations que Willi Dansgaard et ses collègues ont observées dans la teneur en O-18 de l'échantillon de Camp Century suggèrent que de tels refroidissements sont survenus à peu près tous les 180 ans au cours du dernier millénaire. Pourquoi? On en est réduit aux conjectures. Une variation de la constante solaire — la quantité de radiation solaire atteignant la terre — est l'une des possibilités. La mesure de cette constante est difficile depuis la terre à cause de l'interférence de l'atmosphère mais le lancement en 1980 par la NASA du satellite Solar Maximum Mission a résolu le problème. Gravitant à

Deux géologues effectuent en autoneige des relevés cartographiques dans la partie sud de la terre de Victoria, située dans l'Antarctique. A l'arrière du traîneau, une roue de bicyclette couplée à un odomètre mesure la distance des camps.

quelque 450 kilomètres de la surface terrestre, où l'atmosphère est extrêmement raréfiée, Solar Max n'a détecté que des fluctuations minimes de la constante solaire, ne dépassant pas quelques dixièmes de 1 p. cent sur des périodes d'environ une semaine. Or des oscillations aussi faibles sont bien inférieures à celles que les spécialistes estimeraient nécessaires pour provoquer sur terre un changement significatif de température, ne serait-ce que de 0,5° C. Mais le programme Solar Max est trop récent pour autoriser aucune conclusion quant au passé ou à l'avenir de la constante solaire.

Dans le même temps, on recherche dans les carottes de glace des indices des variations passées de l'activité solaire. On sait, par d'anciennes observations astronomiques, que pendant une partie de la récente période froide le disque solaire est resté inhabituellement calme. De 1645 à 1715, durant ce qu'on appelle le minimum de Maunder, du nom de l'astronome britannique du siècle dernier qui attira sur ce fait l'attention de ses pairs, on avait observé une absence presque totale de taches solaires. Ces taches, fort courantes, sont des zones sombres où des concentrations du champ magnétique réduisent le flux de chaleur de l'intérieur du soleil vers sa surface. Normalement leur nombre varie selon un cycle plus ou moins régulier de 11 ans. Pourquoi cette disparition suivie d'un retour — cela reste un mystère.

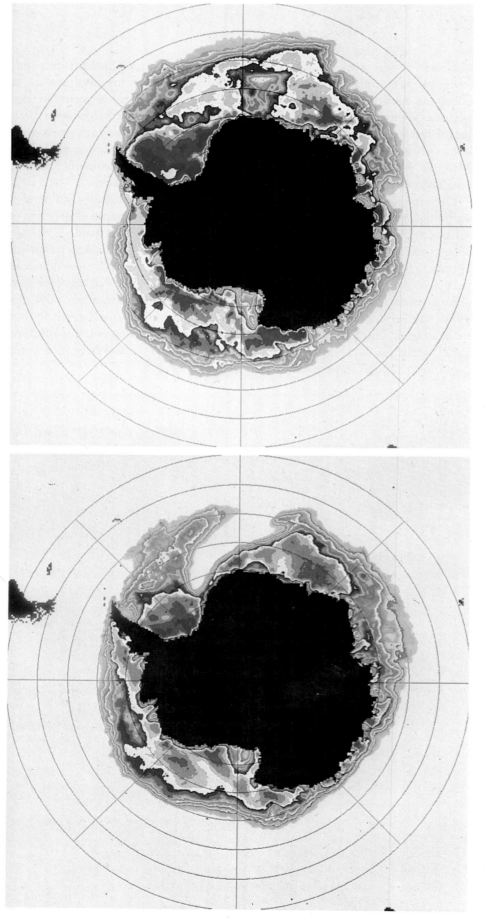

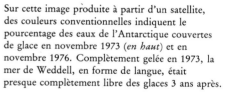

	98-100%
	96%
	92%
	88%
	84%
	80%
	76%
	72%
	68%
	64%
	60%
	56%
	52%
	48%
	44%
	40%
	36%
	32%
	28%
	24%
	20%
	16%
	0-14%

Sur cette image produite à partir d'un satellite,
des couleurs conventionnelles indiquent le
pourcentage des eaux de l'Antarctique couvertes
de glace en novembre 1973 (*en haut*) et en
novembre 1976. Complètement gelée en 1973, la
mer de Weddell, en forme de langue, était
presque complètement libre des glaces 3 ans après.

Le minimum de Maunder est également marqué par une composition chimique différente de la neige. Une équipe française analysant une carotte de glace provenant du Dome C dans l'Antarctique a constaté que la neige tombée pendant cette période était riche en beryllium 10, un isotope formé dans la haute atmosphère quand elle est bombardée par des particules électriquement chargées émises par le soleil. Des niveaux de glace datant de la période glaciaire présentent aussi de fortes concentrations de cet isotope. D'autres substances dont la concentration fluctue aussi avec l'activité des taches solaires sont les nitrates, formés également de l'interaction dans la haute atmosphère de particules chargées et de gaz. On ne saurait dire encore quel lien existe entre ces isotopes, les changements climatiques et l'activité solaire mais on espère que la chimie de la neige finira par dévoiler au moins certains aspects de l'histoire du soleil.

On a proposé une autre explication cosmique aux cycles de température de 180 ans observés par Dansgaard. Deux savants chinois ont avancé une hypothèse, fort controversée au demeurant, qui lie les fluctuations de l'O-18 aux synodes planétaires. Cet événement, qui se produit tous les 178 ou 182 ans, consiste en une configuration qui rassemble toutes les planètes à l'exception de la terre dans un arc étroit de 90°, ou moins, d'un côté du soleil. Ren Zhenqiu et Li Zhisen, passant en revue l'histoire chinoise en quête de références à des périodes de froid exceptionnel, ont découvert qu'elles correspondaient aux synodes planétaires. L'un de ceux-ci, par exemple, se produisit en 1665, juste avant des décennies particulièrement froides. Malheureusement, le suivant, vers 1845, coïncida avec un net réchauffement.

Selon Ren Zhenqiu et Li Zhisen, les forces gravitationnelles combinées des planètes groupées pourrait modifier la vitesse à laquelle la terre parcourt différentes sections de son orbite. Quand la terre est le plus éloignée du synode — de l'autre côté du soleil — sa marche serait légèrement ralentie. A mesure qu'elle s'en rapproche, leur attraction la ferait accélérer. Si le ralentissement coïncide avec l'hiver boréal, celui-ci pourrait s'en trouver prolongé de quelque trois jours, et l'été écourté d'autant. Une plus forte accumulation de neige et une moindre fusion estivale pourraient alors en résulter. L'effet des synodes pourraient se faire sentir pendant de nombreuses années car il faut environ deux décennies aux planètes pour se rassembler et deux autres pour se disperser. Une longue période d'années où la longueur des saisons varierait de cette façon suffirait peut-être à perturber suffisamment l'équilibre délicat des climats pour mettre fin à un interglaciaire.

Une tourbière alsacienne a fourni des preuves supplémentaires de la soudaineté de la transition entre interglaciaires et glaciaires. Cette tourbière n'a pas été perturbée pendant 140 000 ans, soit pendant la totalité du dernier interglaciaire, de la dernière glaciation et de l'interglaciaire actuel. La botaniste belge Geneviève Woillard a examiné les pollens recueillis dans les couches de tourbes formées il y a 115 000 ans, dans les trois derniers siècles de l'interglaciaire. Dans les couches les plus profondes, elle a recueilli des pollens d'arbres exigeant de croître sous un climat tempéré, surtout des sapins, des chênes, des aulnes et des charmes. Au cours des 125 années qui suivirent, l'épicéa spruce, adapté à un climat froid, gagna du terrain sur les essences tempérées et devint dominant. Le siècle suivant connut un nouveau refroidissement, les essences tempérées se raréfièrent et des pins apparurent aux côtés des épicéas spruce.

Alors sur une très courte période, en une vingtaine d'années à peine, la

Le rempart qui protège Londres du naufrage

« Il s'est produit la nuit dernière la plus grande marée que l'Angleterre se souvienne d'avoir vue en ce fleuve », écrivait le chroniqueur et expert naval Samuel Pepys qui venait d'assister à la crue catastrophique de la Tamise le 7 décembre 1663. Pepys ne pouvait se douter que la situation ne faisait qu'empirer ni, à plus forte raison, imaginer pourquoi.

Depuis la dernière glaciation, la moitié sud de cette terre appelée de nos jours Grande-Bretagne n'a cessé de s'enfoncer à mesure que la croûte terrestre se remet des déformations que lui avaient infligées les inlandsis. Un mouvement de bascule est alors engendré (ci-dessous). L'avancée des glaces dans le nord et l'enfoncement qui en résulta provoqua un soulèvement du sud, car le manteau visqueux qui se trouve sous la croûte se déplaça vers cette région. La fonte des glaces ramena la croûte et les substances du manteau vers leur emplacement initial, créant une subsidence dans le sud. Celle-ci combinée avec l'élévation continue du niveau marin due à la fonte des glaces rend la Tamise de plus en plus vulnérable à une combinaison de conditions atmosphériques qui se réalise en moyenne tous les 100 ans environ.

Quand une grande tempête se forme dans l'Atlantique Nord, il se produit dans les eaux situées sous la zone de basse pression un renflement appelé onde de tempête. Si la tempête s'oriente vers le sud de la mer du Nord, une partie des eaux ainsi soulevées s'élèvent plus haut encore en s'engouffrant dans l'estuaire de la Tamise, que des vents très violents peuvent leur faire remonter fort loin. Si ce phénomène coïncide avec une grande marée de printemps, les hautes eaux risquent de submerger Londres.

Pour parer ce risque, les ingénieurs britanniques ont établi en travers de la Tamise à l'aval de Londres le plus grand barrage escamotable du monde. Mesurant quelque 570 mètres d'une rive à l'autre, il est constitué de 10 gigantesques vannes pouvant pivoter vers le haut en 30 minutes pour barrer le fleuve et épargner à Londres les conséquences catastrophiques des antécédents glaciaires subis par ce pays.

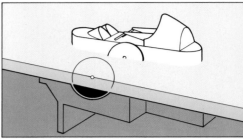
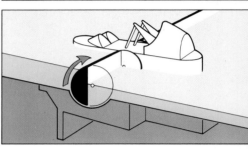

UN INGÉNIEUX BARRAGE PIVOTANT
Dans des conditions normales (*en haut*), la vanne hémicylindrique repose dans son logement au fond de la Tamise. Quand la marée montante menace, un système hydraulique fait pivoter la vanne vers le haut pour former un barrage de 15 mètres de haut. A droite, l'une des vannes, au cours de sa mise en installation en 1981.

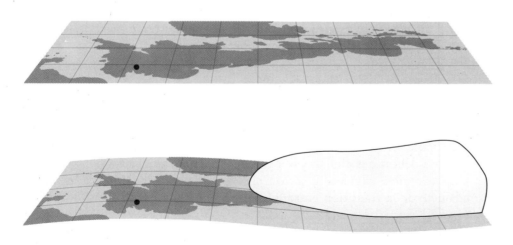

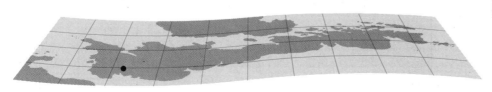

ESSOR ET RETOMBÉE DE LA GRANDE-BRETAGNE
Il y a 18 000 ans, dans le nord, la pression énorme de 1 500 mètres de glace déprima la croûte terrestre de 450 mètres. Dans les profondeurs de la terre, des roches presque en fusion, pressées alors vers le sud, soulevèrent la croûte sous le reste du pays d'environ 30 mètres. Quand les glaces fondirent, la croûte terrestre se mit à jouer dans l'autre sens : aujourd'hui, les régions sud s'enfoncent d'environ 30 centimètres par siècle.

végétation changea du tout au tout. Les arbres de régions tempérées disparurent complètement, en même temps que des végétaux associés tels que le gui, qui exige des températures estivales supérieures à 16° C pour survivre, et le lierre, qui ne supporte pas les températures inférieures à 1° C sur de longues périodes. Au terme de cette transition très rapide, la forêt ressemblait tout à fait à celle de la Scandinavie septentrionale d'aujourd'hui, située à plus de 2 000 kilomètres de cette tourbière alsacienne.

Woillard fit observer qu'à ses premiers stades, marqués par un début de raréfaction des essences tempérées, une telle transformation passerait sans doute inaperçue aujourd'hui ; les forêts sont entretenues, au moins en Europe et dans les autres régions développées de la zone tempérée, et ne constituent plus des associations végétales naturelles. Selon Woillard, une «septentrio-

Les régions les plus actives du soleil sont très vigoureusement mises en relief par cette image des émissions de rayons X recueillie en 1973 par le satellite Skylab et traitée par ordinateur. Certains savants pensent que les événements qui se produisent dans ces zones, notamment les taches et les éruptions solaires, provoquent des changements climatiques sur la terre.

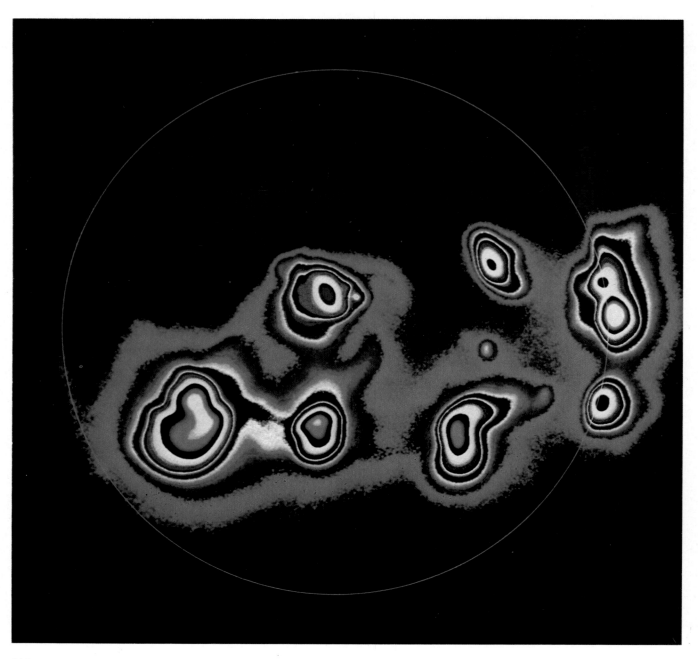

nalisation » rapide des forêts, semblable à celle qui se produisit à l'aube de la dernière glaciation, pourrait être imminente.

Mais, par rapport au dernier interglaciaire, la face de la terre a subi bien d'autres transformations de nature à hâter ou à retarder l'avènement d'une nouvelle glaciation. L'attention des scientifiques se concentre notamment sur les effets du gaz carbonique ajouté à l'atmosphère, principalement par suite de l'utilisation des combustibles fossiles. L'accroissement du taux de gaz carbonique pourrait renforcer suffisamment l'effet de serre pour contrebalancer, partiellement ou complètement, toute tendance naturelle à un abaissement général des températures.

En revanche, la transformation des paysages pourrait favoriser les déperditions de chaleur. Deux géologues, George J. Kukla et Jeffrey A. Brown, du Lamont-Doherty Geological Observatory, ont étudié des photos prises par satellite de la couverture neigeuse hivernale de l'Amérique du Nord et de l'Union soviétique. Les régions où l'agriculture a éliminé la forêt ont un albédo élevé : un champ de neige peut réfléchir jusqu'à 70 p. cent du rayonnement solaire qu'il reçoit, tandis qu'une forêt serrée n'en réfléchit que de 10 à 20 p. cent. Les vastes étendues de campagne puissamment réfléchissantes qu'ont examinées les deux chercheurs Kukla et Brown les ont amenés à se demander si les déforestations à grande échelle pratiquées en Europe peu avant le « petit âge glaciaire » n'on pas contribué à cette aggravation du climat. Si la création artificielle de surface à fort albédo a pu alors refroidir l'atmosphère, pourquoi n'en serait-il pas de même au XXᵉ siècle ?

La civilisation a introduit ses propres facteurs de changement dans le réseau des systèmes climatiques que régissent les relations fluctuantes de la terre au soleil. La tâche n'en est que plus ardue pour les scientifiques qui tentent de comparer le passé au présent afin de prévoir le futur. Ils sont aux prises avec un puzzle multidimensionnel dont les pièces ne cessent pas d'être redéfinies. Il y a bien longtemps, en 1837, Louis Agassiz, exposant ses idées révolutionnaires devant la Société suisse de sciences naturelles, donna aux recherches sur les glaciations leur cadre et leur orientation. Les savants de toutes les disciplines qui désirent élucider les glaciations, dit-il, doivent prendre pour guide « l'idée d'un développement progressif chez tous les êtres vivants, d'une métamorphose à travers des états différents dépendant les uns de autres — l'idée d'une création intelligible ».

Le glacier Muldrow, éclairé par un coucher
de soleil estival, maintient son emprise sur le mont
McKinley, en Alaska — preuve tangible que
le cycle des glaciations du Pléistocène se poursuit.

169

REMERCIEMENTS

Pour leur assistance dans la préparation de cet ouvrage, les rédacteurs tiennent à remercier : **Aux Bermudes :** Ferry Reach — Dr. Thomas M. Iliffe, Bermuda Biological Station for Research. **Au Canada :** Ottawa — Dr. Weston Blake, Geological Survey of Canada ; Toronto — The Donner's Fund of Canada ; Université de Toronto ; Vancouver — J. Ross Mackay. **Au Danemark :** Copenhague — Dr. Willi Dansgaard, Dr. Claus Hammer, Laboratoire d'isotopes géophysiques, Université de Copenhague ; Tony Higgens, service geologique du Groenland. **En France :** Paris — André Leroi-Gourhan, Collège de France ; Osmonde de Barante, Musée de l'Homme ; Poitiers — Max Deynoux, Laboratoire de Pétrologie de la Surface, Université de Poitiers ; Rueil-Malmaison — Bernard Biju-Duval, Olivier Gariel, Institut français du Pétrole. **En Grande-Bretagne :** Birmingham — Dr. G. R. Cope, Université de Birmingham ; Cambridge — Julian Paren, Eric W. Wolff, The British Antarctic Survey ; Édimbourg — Commander Angus Erskine ; Tom Bain, Institute of Geological Sciences ; J.B. Sissons, Université d'Édimbourg ; Leeds — Keith Thornton, Institute of Geological Sciences ; Leyburn — Professor Cuchlaine King ; Londres — Professor W.G. Chaloner, Bedford College ; Martin Pulsford, Institute of Geological Sciences ; Celina Fox, Museum of London ; Sadie Alford, Novosti Press Agency ; Miss C. Stott, The Observatory, Greenwich ; bibliothèque de The Royal Society ; Norfolk — Dr. Bernard Campbell ; Martin Warren, The Cromer Museum ; Oxfordshire — Dr. I.E.S. Edwards ; Powys — Martin Farr ; Sheffield — Dr. D. W. Humphries, Université de Sheffield. **En Irlande :** Dublin — Dr. Jean Archer, Irish Geological Survey. **En Italie :** Florence — Mara Miniati, Istituto e Museo di Storia della Scienza ; Gênes — Nicoletta Morello ; Rome — Giorgio Buonvino, Osservatoria Astronomico. **Aux États-Unis :** Alaska — (Fairbanks) Dr. John Kelly, Institute of Marine Science, University of Alaska ; (Gustavus) Bruce Paige, Gary Vequist, Glacier Bay National Monument ; Arizona — (Tempe) Troy L. Péwé, Arizona State University ; (Tucson) Agnes Paulson, Kitt Peak National Observatory ; Julio L. Betancourt, Kenneth L. Cole, Douglas J. Donahue, C.W. Ferguson, Steven W. Leavitt, Paul S. Martin, Jim I. Mead, Robert Thompson, University of Arizona ; Californie — (Los Angeles) William Akersten, conservateur, Gregory P. Byrd, surintendant, George C. Page Museum ; Gretchen Sibley, Rancho La Brea ; Dr. Clement Meighan, département d'anthropologie, University of California, Los Angeles ; (La Jolla) John Shelton ; (San Diego) Dr. Stuart Hurlbert, San Diego State University ; Colorado — (Boulder) Dr. Charles Barth, Dr. J. T. Hollin, University of Colorado ; (Denver) Charles W. Naeser, U.S. Department of the Interior/Geological Survey ; Delaware — (Newark) John F. Wehmiller, University of Delaware ; District de Columbia — Dr. Roger Lewin ; Winifred Reuning, National Science Foundation ; Dr. Gary Haynes, Dr. Ian G. Macintyre, Dr. Clayton Ray, Dr. Dennis Stanford, Smithsonian Institution ; Floride — (Coral Gables) Cesare Emiliani, University of Miami ; (Gainesville) Dr. Neil D. Opdyke, University of Florida ; (Miami Beach) Harold Hudson, Barbara Lidz, Jean Shinn, Fisher Island Station, U.S. Geological Survey ; Géorgie — (Savannah) Larry P. Atkinson, Skidaway Institute of Oceanography ; Hawaii — (Hilo) Dr. Kinsell Coulson, directeur, Thomas DeFoor, Mauna Loa Observatory, National Oceanic and Atmospheric Administration (NOAA) ; Illinois — (Chicago) J. Clay Bruner, Nina Cummings, Field Museum of Natural History ; Christopher R. Scotese, University of Chicago ; (Springfield) Dr. Russell Graham, Illinois State Museum ; Maryland — (Annapolis) Rod Wood ; (Bowie) I'Ann Blanchette ; (College Park) Professeur Anandu Vernakar, University of Maryland ; (Greenbelt) Dr. Gerald North, Dr. H. Jay Zwally, Laboratory for Atmospheric Sciences, Goddard Space Flight Center, National Aeronautics and Space Administration (NASA) ; (Rockville) Dr. Robert Stuckenrath, Smithsonian Institution ; (Suitland) Michael Matson, NOAA ; (Temple Hills) Richard Legeckis, NOAA ; Massachusetts — (Cambridge) Ann Blum, The Agassiz Museum, Harvard University ; (Natick) John V.E. Hanson, U.S. Army Research and Development Laboratory ; (Woods Hole) Robert N. Oldale, U.S. Geological Survey ; K.O. Emery, Susumu Honjo, Woods Hole Oceanographic Institution ; Michigan — (Detroit) Dr. Morris Goodman, School of Medicine, Wayne State University ; Minnesota — (Minneapolis) Professeur Edward P. Ney, University of Minnesota ; Nebraska — (Lincoln) Bruce Koci ; New Hampshire — (Hanover) Dr. Tony Gow, CRREL ; New Jersey — (Princeton) Sheldon Judson, Princeton University ; Nouveau-Mexique — (Albuquerque) Rodman E. Snead, University of New Mexico ; New York — (Amherst) Chester C. Langway Jr., State University of New York at Buffalo ; (Ithaca) Dr. Arthur Bloom, Cornell University ; (New York) Pamela Haas, American Museum of Natural History ; Dr. Rhodes Fairbridge ; (Palisades) Allan W. H. Bé, R. M. Cline, Rosemary Free, Frank Hall, Dr. J. D. Hays, Grace Irving, Gregory Kolibas, David Lazarus, Anne Lewis, Ms. Rusty Lotti, Dr. A. McIntyre, Alan Mix, Dr. William Ruddiman, Dr. Constance Sancetta, Sally Savage, Goesta Wollin, Lamont-Doherty Geological laboratory ; Caroline du Nord — (Chapel Hill) Professeur Conrad Neumann, The University of North Carolina at Chapel Hill ; (Durham) David Burney, S. Duncan Heron Jr., Duke University ; Ohio — (Columbus) Dr. Roger K. Burnard, Dr. Dwight DeLong, Lonnie G. Thompson, Dr. Peter Webb, Ian M. Whillans, Professeur Sidney E. White, Ohio State University ; (Worthington) Pei-Shing Wu ; Oklahoma — (Tulsa) Robin G. Lighty, Cities Service Company ; Pennsylvanie — (Maytown) Ken Townsend ; (Philadelphie) Henry N. Michael, Elizabeth K. Ralph, University of Pennsylvania ; Rhode Island — (Providence) Dr. John Imbrie, Robley K. Matthews, Rosalind M. Mellor, Professeur Thomas Webb III, Brown University ; Texas — (Dallas) Russell S. Harmon, Southern Methodist University ; Utah — (Salt Lake City) Dr. James Whelan, University of Utah ; Virginie — (Alexandria) Walter Hilmers Jr. ; (Arlington) Bill Hezlep ; (Reston) Barbara Chappell, Carol Horan, Glen A. Izett, Jon Sellin, Trudy Sinnott, Robert Tilling, Henry Zoller, U.S. Geological Survey ; Washington — (Bellingham) Maurice L. Schwartz, Coastal Consultants ; (Seattle) Dr. F.C. Ugolini, College of Forest Resources ; Dr. Lawrence C. Bliss, Donald Brownlee, Stephen C. Porter, Alan S. Thorndike, University of Washington ; Wisconsin — (Madison) John E. Kutzbach, Kelly Redmond, University of Wisconsin ; Wyoming — (Laramie) Dr. David J. Hofmann, University of Wyoming. **En République fédérale d'Allemagne :** Bonn — Dr. Eckhart Joachim, Rheinisches Landesmuseum ; Hildesheim — Dr. Arne Eggebrecht, Römer und Pelizaeusmuseum ; Coblence — Dr. Horst Fehr, Landesamt für Denkmalpflege ; Leipzig — Karen Stietzel, Urania-Verlag ; Münster — Hermann-Josef Höper, Geologisches-Paläontologisches Institut und Museum der Universität Münster ; Tübingen — Dr. Joachim Hahn, Institut für Urgeschichte, Universität Tübingen. **En Yougoslavie :** Belgrade — Académie de Serbie pour les Sciences et les Arts.

Les rédacteurs remercient également : Pavle Svabic, Belgrade ; Joanne Reid, Chicago ; Dorothy Slater, Denver ; Robert Kroon, Genève ; Lance Keyworth, Helsinki ; Bob Schrepf, Lincoln, Nebraska ; Cheryl Crooks, Los Angeles ; Trini Bandres, Madrid ; Cronin Buck Sleeper, Manchester, Vermont ; David Hessekiel, Mexico ; Felix Rosenthal, Moscou ; Juliet Tomlinson, Northampton, Massachusetts ; Rowan Callick, Papouasie, Nouvelle Guinée ; June Taboroff, Ann Wise, Rome.

Les citations et les références sont extraits de : *Studies on Glaciers Preceded by the Discourse of Neuchâtel* de Louis Agassiz, traduit par Albert V. Carozzi, Hafner Publishing C°., 1967 ; *The Last Great Ice Sheets* de George H. Denton et Terence J. Hughes, John Wiley & Sons, 1981 ; *Glacial and Quaternary Geology* de Richard Foster Flint, John Wiley & Sons, 1971 ; *Ice Ages: Solving the Mystery* de John Imbrie et Katherine Palmer Imbrie, Enslow Publishers, 1979 ; *The Winters of the World* de Brian S. John, John Wiley & Sons, 1979 ; et *Pleistocene Extinctions: The Search for a Cause* de P.S. Martin et H.E. Wright Jr., Yale University Press, 1967.

L'index a été préparé par Gisela S. Knight.

BIBLIOGRAPHIE

Livres

Agassiz, Elizabeth Cary, *Louis Agassiz: His Life and Correspondence*. 2 vol. Houghton, Mifflin, 1885.

Agassiz, Louis, *Studies on Glaciers Preceded by the Discourse of Neuchâtel*. Traduit par Albert V. Carozzi. Hafner Publishing Co., 1967.

Anthes, Richard A., John J. Cahir, Alistair B. Fraser et Hans A. Panofsky, *The Atmosphere*. Charles E. Merrill, 1981.

Banks, Michael, *Greenland*. Rowman and Littlefield, 1975.

Bryson, Reid A., et Thomas J. Murray, *Climates of Hunger: Mankind and the World's Changing Weather*. University of Wisconsin Press, 1977.

Buckland, William, *Reliquiae Diluvianae; or Observations on the Organic Remains Contained in Caves, Fissures and Diluvial Gravel and on Other Geological Phenomena, Attesting the Action of an Universal Deluge*. Londres: John Murray, 1824.

Bulfinch, Thomas, *The Age of Fable, or Beauties of Mythology*. New American Library, 1962.

Calder, Nigel, *The Weather Machine*. Londres: British Broadcasting Corp., 1974.

Carrington, Richard, *Mermaids and Mastodons: A Book of Natural and Unnatural History*. Rinehart, 1957.

Chorley, Richard J., Antony J. Dunn et Robert P. Beckinsale, *The History of the Study of Landforms, or the Development of Geomorphology*. Methuen, 1964.

Claiborne, Robert, *Climate, Man and History*. Angus & Robertson, 1970.

Colbert, Edwin H., *Wandering Lands and Animals*. E. P. Dutton, 1973.

Coleman, A.P., *Ice Ages: Recent and Ancient*. AMS Press, 1969.

Croll, James, *Climate and Time in Their Geological Relations: A Theory of Secular Changes of the Earth's Climate*. Londres: Daldy, Isbister, & Co., 1875.

Czerkas, Sylvia Massey, et Donald F. Glut, *Dinosaurs, Mammoths, and Cavemen*. E.P. Dutton, 1982.

Denton, George H., et Terence J. Hughes, *The Last Great Ice Sheets*. John Wiley & Sons, 1981.

Digby, Bassett, *The Mammoth and Mammoth-Hunting in North-East Siberia*. Londres: H.F. & G. Witherby, 1926.

Downie, C., et P. Wilkinson, *The Geology of Kilimanjaro*. Sheffield, Angleterre: University of Sheffield, 1972.

Eddy, John A., *A New Sun: The Solar Results from Skylab*. National Aeronautics and Space Administration, 1979.

Embleton, Clifford, et Cuchlaine A.M. King, *Periglacial Geomorphology*. John Wiley & Sons, 1975.

Escher, Arthur, et W. Stuart Watt (réd.), *Geology of Greenland*. Copenhague: service géologique du Groenland, 1976.

Fairbridge, Rhodes, Michel, J.-P., *Dictionnaire des sciences de la terre*. Anglais-français/Français-anglais. Paris: Masson, 1980.

Ferguson, C.W., *Concepts and Techniques of Dendrochronology*. University of California Press, 1970.

Flint, Richard Foster, *Glacial and Quaternary Geology*. John Wiley & Sons, 1971.

Fodor, R.V., *Frozen Earth: Explaining the Ice Ages*. Enslow Publishers, 1981.

Forrester, Glenn C., *Niagara Falls and the Glacier*. Exposition Press, 1976.

Fraas, E., et al., *Jahreshefte des Vereins für Vaterländische Naturkunde in Württemberg*. Stuttgart: Klett & Hartmann, 1904.

Frison, George C., *Prehistoric Hunters of the High Plains*. Academic Press, 1978.

Frison, George C., *The Casper Site: A Hell Gap Bison Kill on the High Plains*. Academic Press, 1974.

Fristrup, Børge, *The Greenland Ice Cap*. University of Washington Press, 1966.

Garašinin, Milutin, *La Vie et L'Œuvre de Milutin Milanković, 1879-1979*. Belgrade: Académie Serbe des sciences et des arts, 1982.

Gaskell, T.F., et Martin Morris, *World Climate: The Weather, the Environment and Man*. Londres: Thames & Hudson, 1979.

Gedzelman, Stanley David, *The Science and Wonders of the Atmosphere*. John Wiley & Sons, 1980.

Geikie, Sir Archibald, *The Founders of Geology*. Dover Publications, 1962.

Geikie, James, *The Great Ice Age and Its Relation to the Antiquity of Man*. D. Appleton, 1874.

Goudie, A.S., *Environmental Change*. Oxford University Press, 1977.

Gribbin, John, *Future Weather and the Greenhouse Effect*. Delacorte Press/Eleanor Friede, 1982.

Gribbin, John, *Climatic Change*. Cambridge University Press, 1978.

Gribbin, John, et Jeremy Cherfas, *The Monkey Puzzle: Reshaping the Evolutionary Tree*. Pantheon, 1982.

Hadingham, Evan, *Secrets of the Ice Age: The World of the Cave Artists*. Walker and Company, 1979.

Hambrey, M.J., et W.B. Harland, *Earth's Pre-Pleistocene Glacial Record*. Cambridge University Press, 1981.

Hamelin, Louis-Edmond, et Frank A. Cook, *Le Périglaciaire par l'Image: Illustrated Glossary of Periglacial Phenomena*. Québec: Les Presses de L'Université Laval, 1967.

Herbert, A.P., *The Thames*. Londres: Weidenfeld and Nicolson, 1966.

Hoyle, Fred, *Ice: The Ultimate Human Catastrophe*. Continuum, 1981.

Imbrie, John, et Katherine Palmer Imbrie, *Ice Ages: Solving the Mystery*. Enslow Publishers, 1979.

Irons, James Campbell, *Autobiographical Sketch of James Croll, with Memoir of his Life and Work*. Londres: Edward Stanford, 1896.

Jelínek, J., *The Pictorial Encyclopedia of The Evolution of Man*. Hamlyn, 1975.

John, Brian S.:
The Ice Age: Past and Present. Londres: Collins, 1977.
The World of Ice: The Natural History of the Frozen Regions. Londres: Orbis Publishing, 1979.

John, Brian S., *The Winters of the World: Earth under the Ice Ages*. John Wiley & Sons, 1979.

Kahlke, Hans Dietrich, *Das Eiszetalter*. Leipzig: Urania-Verlag, 1981.

Klein, Richard G.:
Ice-Age Hunters of the Ukraine. University of Chicago Press, 1973.
Man and Culture in the late Pleistocene. Chandler Publishing, 1969.

Kurtén, Björn:
The Age of Mammals. Columbia University Press, 1972.
The Ice Age. Putnam, 1972.
Pleistocene Mammals of Europe. Aldine, 1968.

Kurtén, Björn, et Elaine Anderson, *Pleistocene Mammals of North America*. Columbia University Press, 1980.

Lamb, H.H.:
The Changing Climate. Londres: Methuen, 1966.
Climate, History and the Modern World. Londres: Methuen, 1982.
Climate: Past, Present and Future, Vol. 2. Londres: Methuen, 1977.

Latham, Robert, et William Mathews, *The Diary of Samuel Pepys*, Vol. 4, *1663*. University of California Press, 1971.

Leakey, Richard E., *The Making of Mankind*. E.P. Dutton, 1981.

Lewin, Roger, *Thread of Life*. W.W. Norton, 1982.

Lurie, Edward, *Louis Agassiz: A Life in Science*. University of Chicago Press, 1960.

McPherson, John G., *Footprints Frozen Continent*. Londres: Methuen, 1975.

Martin, P.S., et H.E. Wright Jr. *Pleistocene Extinctions: The Search for a Cause*. Yale University Press, 1967.

Mather, Kirtley F., et Shirley L. Mason, *A Source Book in Geology*. McGraw-Hill, 1939.

Matsch, Charles L., *North America and the Great Ice Age*. McGraw-Hill, 1976.

Michael, Henry N., et Elizabeth K. Ralph, *Dating Techniques for the Archaeologist*. Massachusetts Institute of Technology, 1971.

Milankovitch, Milutin:
Canon of Insolation and the Ice-Age Problem. Traduction d'Israel Program for Scientific Translation. Belgrade: Académie royale serbe, 1941.
Durch ferne Welten und Zeiten. Leipzig: Roehler & Umelang, 1936.

National Research Council, *Understanding Climatic Change: A Program for Action*. National Academy of Sciences, 1975.

Neale, John, et John Flenley, *The Quaternary in Britain*. Pergamon Press, 1981.

Péwé, Troy L., *The Periglacial Environment: Past and Present*. Montreal: McGill-Queen's University Press, 1969.

Pfeiffer, John E., *L'Émergence de l'homme*. Paris: Denoël, 1972.

Pielou, E.C., *Biogeography*. John Wiley & Sons, 1979.

Ponte, Lowell, *The Cooling*. Prentice-Hall, 1977.

Schultz, Gwen, *Ice Age Lost*. Anchor Press/Doubleday, 1974.

Silverberg, Robert, *Mammoths, Mastodons and Man*. McGraw-Hill, 1970.

Smith, A.G., et coll., *Phanerozoic Paleocontinental World Maps*. Cambridge University Press, 1981.

Smithsonian Book of the Sun. W.W. Norton, 1981.

Solecki, Ralph S., *Shanidar: The First Flower People*. Alfred A. Knopf, 1971.

Sugden, David E., et Brian S. John, *Glaciers and Landscape: A Geomorphological Approach*. Edward Arnold, 1976.

Vereshchagin, N.K., *Zapiski Paleontologa Po Sledan Predkob*. Léningrad: Académie des sciences, 1981.

Vereshchagin, N.K., *Mlekopintaiushchie Vostochnoi Evrody B Antpogene*. Léningrad: Académie des sciences, 1981.

Von Koenigswald, Wighart, et Joachim Hahn, *Jagdtiere und Jäger der Eiszeit*. Stuttgart: Konrad Theiss Verlag, 1981.

Warlow, Peter, *The Reversing Earth*. Londres: J.M. Dent & Sons, 1982.

Washburn, A.L., *Geocryology: A Survey of Periglacial Processes and Environments*. John Wiley & Sons, 1973.

Wenke, Robert J., *Patterns in Prehistory: Mankind's First Three Million Years*. Oxford University Press, 1980.

Wigley, T.M.L., M.J. Igram et G. Farmer, *Climate and History: Studies in Past Climates and Their Impact on Man*. Cambridge University Press, 1981.

Zeuner, Frederick E., *Dating the Past: An Introduction to Geochronology*. Hafner Publishing, 1970.

Revues

« Anti Matter. » *Omni*, septembre 1982.

Beaty, Chester B., « The Causes of Glaciation. » *American Scientist*, juillet-août 1978.

« Bolivian Lake Dated Back to Last Ice Age. » *On Campus* (Ohio State University), 7 octobre 1982.

Broecker, Wallace S., « Climatic Change: Are We on the Brink of a Pronounced Global Warming ?» *Science,* 8 août 1975.

Broecker, W.S., et coll., «Milankovitch Hypothesis Supported by Precise Dating of Coral Reefs and Deep-Sea Sediments.» *Science,* 19 janvier 1968.

Brownlee, Donald E., «Cosmic Dust.» *Natural History,* avril 1981.

Bryson, Reid A., et John E. Ross, «Climatic Variation and Implications for World Food Production.» *World Development,* mai-juillet 1977.

CLIMAP (les membres du projet), «The Surface of the Ice-Age Earth.» *Science,* 19 mars 1976.

Cragin, Jim, «Tales the Ice Can Tell.» *Mosaic,* septembre/octobre 1978.

Croll, James, «On the Excentricity of the Earth's Orbit, and Its Physical Relations to the Glacial Epoch.» *London, Edinburgh, and Dublin Philosophical Magazine and Journal of Science.* Janvier-juin 1867.

«Cultural Evolution.» *Mosaic,* mars-avril 1979.

Dansgaard, W., «Ice Core Studies: Dating the Past to Find the Future.» *Nature,* 2 avril 1981.

Dansgaard, W., et coll., «A New Greenland Deep Ice Core.» *Science,* 24 décembre 1982.

Dansgaard, Willi, et Jean-Claude Duplessy, «The Eemian Interglacial and Its Termination.» *Boreas,* février 1981.

Diamond, Jared M., «Man the Exterminator.» *News and Views,* 26 août 1982.

Domico, Terry, «Summer on the Glacier.» *Alaskafest,* juillet 1982.

Eddy, John A., «The Case of the Missing Sunspots.» *Scientific American,* mai 1977.

Emiliani, Cesare :
«Ice Sheets and Ice Melts.» *Natural History,* novembre 1980.
«Pleistocene Temperatures.» *Journal of Geology,* novembre 1955.

Evans, J.V., «The Sun's Influence on the Earth's Atmosphere and Interplanetary Space.» *Science,* 30 avril 1982.
«Extinctions and Ice Ages: Are Comets to Blame?» *New Scientist,* 10 juin 1982.

Fairbridge, Rhodes W. :
«Early Paleozoic South Pole in Northwest Africa.» *Geological Society of America Bulletin,* janvier 1969.
«Upper Ordovician Glaciation in Northwest Africa? Reply.» *Geological Society of America Bulletin,* 1971.

Ferguson, C.W., «Bristlecone Pine: Science and Esthetics.» *Science,* 23 février 1968.

Fodor, R.V., «Frozen Earth: Explaining the Ice Ages.» *Weatherwise,* juin 1982.

Gates, W. Lawrence, «Modeling the Ice-Age Climate.» *Science,* mars 1976.

Goldthwait, Richard P., «The Growth of Glacial Geology and Glaciology: Opening Remarks.» *Geoscience Canada,* mars 1982.

Gribbin, John :
«Stand By for Bad Winters.» *New Scientist,* 28 octobre 1982.
«Sun and Weather: The Stratospheric Link.» *New Scientist,* 10 septembre 1981.

Guthrie, Russell D., «Re-creating a Vanished World.» *National Geographic,* mars 1972.

Hammer, C.U., et coll., «Dating of Greenland Ice Cores by Flow Models, Isotopes, Volcanic Debris, and Continental Dust.» *Journal of Geology,* Vol. 20, No. 82.

Hansen, J., et coll., «Climate Impact of Increasing Atmospheric Carbon Dioxide.» *Science,* 28 août 1981.

Hays, J.D., et coll., «Variations in the Earth's Orbit: Pacemaker of the Ice Ages.» *Science,* 10 décembre 1976.

Hoinkes, Herfried C., «Surges of the Vernagtferner in the Ötztal Alps since 1599.» *Canadian Journal of Earth Sciences,* août 1969.

Hudson, J. Harold, et coll., «Sclerochronology: A tool for interpreting past environments.» *Geology.* Vol. 4

Imbrie, John, «Astronomical Theory of the Pleistocene Ice Ages: A Brief Historical Review.»

Icarus, mai-juin 1982.

Kerr, Richard A. :
«El Chichón Forebodes Climate Change.» *Science,* 10 septembre 1982.
«Milankovitch Climate Cycles: Old and Unsteady.» *Science,* 4 septembre, 1981.

Klein, Jeffrey, et coll., «Calibration of Radiocarbon Dates.» *Radiocarbon,* Vol. 24, No. 2.

Krantz, Grover S., «Human Activities and Megafaunal Extinctions.» *American Scientist,* mars-avril 1970.

Kukla, George J., «Around the Ice Age World.» *Natural History,* avril 1976.

Kukla, George J., et Jeffrey A. Brown, «Impact of Snow on Surface Brightness.» *EOS,* 20 juillet, 1982.

Kurtén, Björn, «The Cave Bear.» *Scientific American,* mars 1972.

Kutzbach, John E., «Monsoon Climate of the Early Holocene: Climate Experiment with the Earth's Orbital Parameters for 9,000 Years Ago.» *Science,* 2 octobre, 1981.

Livingstone, D.A., «Late Quaternary Climatic Change in Africa.» *Annual Review of Ecology and Systematics,* Vol. 6, 1975.

McCauley, J.F., et coll., «Subsurface Valleys and Geoarcheology of the Eastern Sahara Revealed by Shuttle Radar.» *Science,* 3 décembre, 1982.

Maran, Stephen P., «The Inconstant Sun.» *Natural History,* avril 1982.

Marsh, Peter, et Mike Winney, «London Rolls Back the Tide of the Thames.» *New Scientist,* 5 novembre 1981.

Marshack, Alexander, «Exploring the Mind of Ice Age man.» *National Geographic,* janvier 1975.

Marshall, Larry G., et coll., «Mammalian Evolution and the Great American Interchange.» *Science,* 12 mars 1982.

Martin, Paul S., «Pleistocene Overkill.» *Natural History,* décembre 1967.

Matthews, Samuel W., «What's Happening to Our Climate?» *National Geographic,* novembre 1976.

Mosley-Thompson, E., et L.G. Thompson, «Nine Centuries of Microparticle Deposition at the South Pole.» *Quaternary Research* 17, 1982.

Neftel, A., et coll., «Ice Core Sample Measurements Give Atmospheric CO_2 Content during the Past 40,000 yr.» *Nature,* 21 janvier 1982.

«The Next Ice Age May Be Closer Than You Think.» *New Scientist,* 22 juillet 1982.

Raisbec, G.M., et coll., «Cosmogenic [10]Be Concentrations in Antarctic Ice during the Past 30,000 years.» *Nature,* 27 août, 1981.

Reader, John, «The Beckoning Snows of Kilimanjaro, Africa's «Mountain Greatness.» *Smithsonian,* août 1982.

Reiners, William A., et coll., «Plant Diversity in a Chronosequence at Glacier Bay, Alaska.» *Ecology,* hiver 1971.

Rensberger, Boyce :
«The Emergence of *Homo Sapiens.*» *Mosaic,* novembre/décembre 1980.
«Facing the Past.» *Science 81,* octobre 1981.

Risbo, T., et coll., «Supernovae and Nitrate in the Greenland Ice Sheet.» *Nature,* 17 décembre, 1981.

Ruddiman, William F., et Andrew McIntyre :
«Oceanic Mechanisms for Amplication of the 23,000-Year Ice-Volume Cycle.» *Science,* 8 mai 1981.
«Warmth of the Subpolar North Atlantic Ocean during Northern Hemisphere Ice-Sheet Growth.» *Science,* 13 avril, 1979.

Schmid, Rudolf, et Marvin J. Schmid, «Living Links with the Past.» *Natural History,* mars 1975.

Schultz, P., et D. Gault, «Cosmic Dust & Impact events.» *Geotimes,* juin 1982.

Scotese, Christopher R., et coll., «Paleozoic Base Maps.» *The Journal of Geology,* mai 1979.

Shinn, Eugene A., «Time Capsules in the Sea.» *Sea Frontiers,* novembre/décembre 1981.

Sigurdsson, Haraldur, «Volcanic Pollution and

Climate: The 1783 Laki Eruption.» *EOS,* 10 août, 1982.

«South Pole Reaches the Sahara.» *Science,* 15 mai, 1970.

Stewart, John Massey :
«A Baby That Died 40,000 Years Ago Reveals a Story.» *Smithsonian,* septembre 1979.
«Frozen Mammoths from Siberia Bring the Ice Ages to Vivid Life.» *Smithsonian,* décembre 1977.

Thorarinsson, Sigurdur, «Glacier Surges in Iceland, with Special Reference to the Surges of Brùarjökull.» *Canadian Journal of Earth Sciences,* août 1969.

Weertman, Johannes, «Milankovitch Solar Radiation Variations and Ice Age Ice Sheet Sizes.» *Nature,* 6 mai, 1976.

Wilson, A.T., «Origin of Ice Ages: An Ice Shelf Theory for Pleistocene Glaciation.» *Nature,* 11 janvier, 1964.

Woillard, Geneviève, «Abrupt End of the Last Interglacial S.S. in North-east France.» *Nature,* 18 octobre, 1979.

Wolkomir, Richard, «Waging War against the Cold Is the Job of a Unique Army Lab.» *Smithsonian,* février 1981.

Woodward, H.B., «Dr. Buckland and the Glacial Theory.» *Midland Naturalist,* Vol. 6, 1883.

Zwally, H. Jay, and per Gloersen, «Passive Microwave Images of the Polar Regions and Research Applications.» *Polar Record,* Vol. 18, n°. 166.

Autres publications

Birchfield, G.E., et Johannes Weertman, «A Model Study of the Role of Variable Ice Albedo in the Climate Response of the Earth to Orbital Variations.» 16 novembre, 1981.

CLIMAP (les membres du projet) :
«Glacial North Atlantic 18,000 Years Ago: A CLIMAP Reconstruction.» Geological Society of America, Memoir 145, 1976.
«Seasonal Reconstructions of the Earth's Surface at the Last Glacial Maximum.» Geological Society of America Map and Chart Series, MC-36, 1981.

Dansgaard, W., et coll., «Dating and Climatic Interpretation of the Dye 3 Deep Ice Core.» Université de Copenhague, sans date.

Fairbridge, Rhodes W., «Glacial Grooves and Periglacial Features in the Saharan Ordovician.» *Glacial Geomorphology,* State University of New York, septembre 1974.

Goldthwait, R.P., et coll., *Soil Development and Ecological Succession in a Deglaciated Area of Muir Inlet.*
Southeast Alaska. Institute of Polar Studies, rapport n°20, juin 1966.

Greater London Council :
«The GLC Thames Flood Barrier.» Janvier 1981.
«How the Thames Barrier Will Work.» Septembre 1981.

Herron, Michael M., et Chester C. Langway Jr., «Chloride, Nitrate, and Sulfate in the Dye 3 and Camp Century, Greenland Ice Cores.» AGU/GISP Symposium, 2 juin 1982, Philadelphie.

Hudson, J. Harold, «Response of *Montastraea Annularis* to Environmental Change in the Florida Keys.» 4th Annual Coral Reef Symposium, 1981.

Lawrence, Donald B., «Primary Versus Secondary Succession at Glacier Bay National Monument, Southeastern Alaska.» *Procès verbaux de la première conférence sur la recherche dans les parcs nationaux, La Nouvelle-Orléans, Louisiane, 9-12 novembre 1976.*

North, F.J., «Centenary of the Glacial Theory.» *Procès-verbaux de l'association des géologistes.* Londres : Edward Stanford, 26 mars 1943.

Péwé, Troy L. :
«Permafrost: Challenge of the Arctic.» *1976 Yearbook of Science and the Future.* Encyclopedia Britannica, 1975.

Procès-verbaux de The Geological Society of Lon-

don. Vol. 3, Part 2, 1840-1841, n° 72.

Svoboda, Josef, et Bill Freedman, «Ecology of a High Arctic Lowland Oasis: Alexandra Fiord (78° 53'N, 75° 55'W.), Ellesmere Island, N.W.T., Canada. » *Second Annual Report of the Alexandra Fiord Lowland Ecosystem Study.* Departments of Botany, University of Toronto and Dalhousie University, novembre 1981.

Thomas, Robert H., et H. Jay Zwally, «Space Surveillance of Changes in Polar Ice. » 14 juillet 1982.

Thompson, L.G., et E. Mosley-Thompson, «Temporal Variability of Microparticle Properties in Polar Ice Sheets. » *Journal of Volcanology and Geothermal Research.* Amsterdam: Elsevier, 1981.

Webb, Peter-Noel, «Review of Lare Cretaceous-Cenozoic Geology of the Ross Sector, Antarctica. »
Fourth International Symposium on Antarctic

Earth Sciences, Adélaïde, Australie, août 1982.

Webb, S. David, «Underwater Paleontology of Florida's Rivers. » National Geographic Society Research Reports, 1968.

Zwally, H.J., et coll. :
«Ice-Sheet Dynamics by Satellite Laser Altimetry. » National Aeronautics and Space Administration, Technical Memorandum 82128, mai 81.
«Variability of Antarctic Sea Ice and CO_2 Change. » 10 septembre, 1982.

SOURCES DES ILLUSTRATIONS

De gauche à droite, les sources sont séparées par des points-virgules, de haut en bas par des tirets.
Couverture: Earth Scenes/ © Brian Milne. 6, 7: Rolf Müller, Ølstykke, Danemark. 8, 9: Prof. J.C. Rucklidge, 10, 11: © 1980 Jack M. Stephens de Bruce Coleman, Inc. 12, 13: © Bruno Zehnder de Peter Arnold, Inc. 14, 15: Rolf Müller, Ølstykke, Danemark. 16: André Held-Ziolo, Paris. 20, 21: Carte de Bill Hezlep; schémas de Rob Wood. 24: Dessin de Hermann Schaaffhausen, Der Neanderthaler Fund, Éditions Marcus, Bonn, 1888, autorisation bibliothèque de l'université, Bonn, photo d'Edo Koenig. 25-27: © 1981 Linda Bartlett. 31: J.R. Mackay. 32: © Harald Sund. 33: Earth Scenes— Brian Milne — Angus B. Erskine, Édimbourg. 34: © Harald Sund. 36, 37: Collection Begouen, photo de Jean Vertut, Issy-les-Moulineaux, France. 38, 39: George C. Frison. 40, 41: Dewitt Jones; carte de Bill Hezlep. 42, 43: Dewitt Jones. 44, 45: National Park Service; © Harald Sund. 46, 47: Dale Brown. 48, 49: © Allan Seiden/Creative Focus; © Harald Sund. 50, 51: William Boehm de West Stock. 52: Fred Bruemmer. 55: Prof. Dr. Hans Dietrich Kahlke, Institut für Quartärpaläontologie, autorisation Urania-Verlag, Leipzig, République démocratique allemande — W. G. von Leibnitz, Protogaea 1749, Hessische Landesbibliothek, Darmstadt, République fédérale d'Alle-

magne. 58: George Herben. 59: Dale Guthrie; James E. Russell © National Geographic Society. 60: Autorisation American Museum of Natural History, V/C 993. 61: Natural History Museum of Los Angeles County. 63: Autorisation American Museum of Natural History, Neg. No. 35830 (3) — Autorisation American Museum of Natural History, Neg. No. 19903. 64, 65: Charles R. Knight © Field Museum of Natural History. 66: Charles R. Knight © Field Museum of Natural History (2) — Autorisation American Museum of Natural History, V/C 2435. 68: © 1978 Flip Schulke de Black Star. 71: TASS, Moscou — dessin de l'Ann Blanchette. 72: Autorisation American Museum of Natural History; carte de Bill Hezlep. 74 © National Geographic Society. 76-81: Chip Clark. 82: © Peter Kresan. 84: Culver Pictures. 88: © Peter Kresan. 91: Shoji Fujii, Toyama, Japon. 92, 93: © 1979 Michael Friedel de Woodfin Camp, Inc. 94: Rick Frehsee. 96: Bill Ratcliffe. 98, 99: © 1980 Barrie Rokeach de The Image Bank. 102: Library of Congress. 106, 107: Schémas de Lloyd K. Townsend, sauf en haut, à gauche, graphique de Bill Hezlep et Walter Hilmers. 109: Autorisation Vasco Milankovitch, Melbourne. 110, 111: Martin Rogers. 112: Martin Rogers; Thomas Nebbia. 113: Dr. Hans Oeschger, Bern. 114: J.G. Paren, Cambridge, Angleterre.

115: © Richard Howard de Black Star; Tony Gow/USA CRREL. 116, 117: Tony Gow/USA CRREL. 118: © Galen Rowell. 121: Charles H. Phillips. 125: Chris Johns/*Seattle Times* de Earth Images. 126, 127: NOAA (3) — David J. Hofmann (2). 128: © 1982 Carl Shaneff — © 1982 Greg Vaughn. 129: Laboratory for Atmospheric & Space Physics, University of Colorado. 130: Allan W.H. Bé/Lamont-Doherty Geological Observatory of Columbia University. 133: Steve Earley. 134, 135: Arthur L. Bloom. 136: CLIMAP Project Members/LGM Project, Andrew McIntyre, directeur, autorisation The Geological Society of America, Inc. # MC-36. 138, 139: Paul Logsdon. 140: Don Brownlee. 142, 143: Rhodes Fairbridge, cartouche dû à Bill Hezlep. 144, 145: Rhodes Fairbridge. 146, 147: Rhodes Fairbridge; Max Deynoux, Poitiers, France. 148: Robert W. Madden © National Geographic Society. 150: Richard Legeckis/NOAA. 153: Lonnie G. Thompson. 154, 155: Josef Svoboda. 156, 157: John Wightman de Ardea, Londres; © 1982 John Reader, Londres. 160, 161: John G. McPherson, autorisation Nippon Kogaku KK. 162: NASA. 164: Croquis de Walter Hilmers (2) — Dessins de Bill Hezlep (3). 165: Adam Woolfitt de Susan Griggs Agency, Londres. 166: NASA. 168, 169: J. David Denning de Earth Images.

INDEX

Composition photographique par Photocompo Center, Bruxelles, Belgique,
Imprimé en Espagne par Novograph, S.A. Madrid
Depósito Legal: M-10135-XXX
Dépôt Légal: Février 1987